中华文明探微

展现悠久历史　Embody the long history

探寻中华文明　Explore the Chinese civilization

文明的童年

中国神话传说

超越自身境遇的理想与抗争

Chinese Legends and Myths

白魏　戴和冰　主编

方铭　朱闰宁　谢君　著

北京出版集团公司

北京教育出版社

图书在版编目（CIP）数据

　文明的童年：中国神话传说 / 方铭，朱闻宇，谢君
著. — 北京 : 北京教育出版社， 2013.4
　（中华文明探微 / 白巍，戴和冰主编）
　ISBN 978-7-5522-1092-7

　I. ①文… II. ①方… ②朱… ③谢… III. ①神话—
介绍—中国 IV. ①B932.2

　中国版本图书馆CIP数据核字（2012）第216186号

中华文明探微

文明的童年
中国神话传说
WENMING DE TONGNIAN

白　巍 戴和冰 主编

方　铭 朱闻宇 谢　君 著

出　版　北京出版集团公司
　　　　北京教育出版社
地　址　北京北三环中路6号
邮　编　100120
网　址　www.bph.com.cn
总发行　北京出版集团公司
经　销　新华书店
印　刷　滨州传媒集团印务有限公司
版印次　2013年4月第1版　2018年11月第3次印刷
开　本　700毫米×960毫米　1/16
印　张　10.5
字　数　138千字
书　号　ISBN 978-7-5522-1092-7
定　价　36.00元
质量监督电话　010-58572393

总　序

时下介绍传统文化的书籍实在很多，大约都是希望通过自己的妙笔让下一代知道过去，了解传统；希望启发人们在纷繁的现代生活中寻找智慧，安顿心灵。学者们能放下身段，走到文化普及的行列里，是件好事。《中华文明探微》书系的作者正是这样一批学养有素的专家。他们整理体现中华民族文化精髓诸多方面，不炫耀材料占有，去除文字的艰涩，深入浅出，使之通俗易懂；打破了以往写史、写教科书的方式，从中国汉字、戏曲、音乐、绘画、园林、建筑、曲艺、医药、传统工艺、武术、服饰、节气、神话、玉器、青铜器、书法、文学、科技等内容庞杂、博大精美、有深厚底蕴的中国传统文化中撷取一个个闪闪的光点，关照承继关系，尤其注重其在现实生活中的生命性，娓娓道来。一张张承载着历史的精美图片与流畅的文字相呼应，直观、具体、形象，把僵硬久远的过去拉到我们眼前。本书系可说是老少皆宜，每位读者从中都会有所收获。阅读本是件美事，读而能静，静而能思，思而能智，赏心悦目，何乐不为？

文化是一个民族的血脉和灵魂，是人民的精神家园。文化是一个民族得以不断创新、永续发展的动力。在人类发展的历史中，中华民族的文明是唯一一个连续5000余年而从未中断的古老文明。在漫长的历史进程中，中华民族勤劳善良，不屈不挠，勇于探索；崇尚自然，感受自然，认识自然，与自然和谐相处；在平凡的生活中，积极进取，乐观向上，善待生命；乐于包容，不排斥外来文化，善于吸收、借鉴、改造，使其与本民族文化相融合，兼容并蓄。她的智慧，她的创造力，是世界文明进步史的一部分。在今天，她更以前所未有的新面貌，充满朝气、充满活力地向前迈进，追求和平，追求幸福，勇担责任，充满爱心，显现出中华民族一直以来的达观、平和、爱人、爱天地万物的优秀传统。

　　什么是传统？传统就是活着的文化。中国的传统文化在数千年的历史中产生、演变，发展到今天，现代人理应薪火相传，不断注入新的生命力，将其延续下去。在实践中前行，在前行中创造历史。厚德载物，自强不息。是为序。

汤一介

序

蒙昧时期文明的曙光

　　浩瀚的宇宙中，人类在地球这颗美丽的星球上繁衍生息。在人类的童年时期，他们对于世界做出了充满想象的解释；在上古没有文字的时代，他们以口耳相传的方式记录和传唱出充满传奇色彩的历史。这些讲述远古神灵和英雄故事的神话传说，一些被后世的书籍保存下来，一些依然流传在民间，使得现今的我们依然能够看到上古居民在蒙昧时期创造的文明曙光。

　　"神话"是关于神的故事，发生在人类早期，代表了人类蒙昧时期对自然、社会、人类的充满幻想的认识，是各个民族在诞生初期必然经历的一种文化现象。神话也是原始人认识自然、适应自然、改造自然的成果。原始人缺少必要的科学知识，借助想象来认识自然；原始人受到自然的威胁，借助神力来改造自然；原始人没有力量和自然抗衡，创造了超自然的神来与自然抗衡；原始人对现实中的人，也把他神化，即英雄化或者妖魔化、鬼怪化。

　　在中国古代传说中，常常"神仙"连文，但是，神和仙虽然都具有超自然的神奇力量，二者的区别也是明显的：神的特异性是与生俱来的，而仙的特异性是后天修行得来的。人通过后天修行，练就长生不死之术，飞升上天，则为仙人。所以，神的出现时代应在早期蒙昧时代，而仙的出现则是人的生命意识觉醒后，认识到生命短促，追求长生不死的文化意识的产物。人通过修行实现了长生不死，也就意味着具有了神的部分能力，所以，仙就有了和神一样的区别于人类的超能力。因此，在关于中国古代文化的阐释之中，我们提到神话，往往也就包含了仙话。

所谓"仙话"，就是关于长生不老的神仙的故事。当然，同一个人物在不同故事中可能是神，也可能是仙。根据中国古代文献记载，仙主要出现在春秋战国时期，特别是汉代道教流行以后。神话是世界各国普遍存在过的，仙话则具有中国特定的文化氛围。

"传说"本意是指口头的叙事文学，由于神话或者仙话都是来源于口传，所以，神话本身就是传说的一部分。传说本身未必不是真实发生过的事情，但是，神话传说则肯定不是真实发生过的事情。所以，当我们说神话传说的时候，特指神话故事。

世界上每个历史悠久的民族，都产生过大量富于想象、奇伟绮丽、美妙动人的神话传说。譬如传唱于古希腊的《伊利亚特》和《奥德赛》，孕育于古印度的《摩诃婆罗多》和《罗摩衍那》，或是生成于两河流域的古希伯来诗篇，都是被世人所熟知的经典。在当今科学昌明的时代，这些神话传说往往显得离奇与荒诞，然而在传唱这些故事的古代居民看来，它们汇聚了当时的宗教、哲学、科学和历史，是他们的精神财富，是当时的知识宝库。

当你领略过上述鸿篇巨制后，开始翻看中国神话传说时，第一印象便是中国的神话传说大多篇幅短小，并且散见于各种古籍之中。中国的神话传说故事有些像小小说，三言两语就是一个完整的情节，并且意味无穷。如果撷取这些小小说，想仿照奥林匹斯山上众神的谱系，也来梳理一下中国神灵的序列，你会发现这个工作难以完成——中国神灵间的关系非常松散。他们各自的故事异彩纷呈，不能按照谱系的方式构建关系，只是在看似散乱间具备着精神上的共通。

中国神话传说虽然不成系统，但内容却十分丰富，这与中国神话传说的生成背景有关。考察文化发展历史，虽然中国文化和西方文化都致力于开启未来，但中国文化注重在继承历史的过程中实现文化的发展和超越，而西方文化则强调在发展和超越中实现继承。西方神话传说主要产生于两千多年前的古代希腊，地域有限，社会族群差异不大，所以其故事情节相对比较一致，形成了基本统一的神话体系。后来罗马帝国征服希腊，并全面接受其神话传说。比如希腊的主神宙斯，被罗马人改名为朱庇特。希腊的爱神阿佛洛狄忒被罗马人改名为维纳斯。但是，罗马神话传说的基本内容沿袭了希腊神话传说。随着罗马人不断地扩张，希腊神话传说便在各地传播开来。西方神话传说的体系基本是古代希腊人确定的。而中国神话传说的生成却是"百川归海"式的。在上古时代的黄河、长江流域，各氏族在一个相对独立而又互相联系的空间中发展着自己的文化，相同的神话母题在不同的地域中表现出具有地域特色的神话形态，虽然看起来琐碎，但内容却涵盖了上古生活的主要方面。这些母题相近、形式多样的神话传说汇集在一起，就共同构成了中国神话传说的基本面貌。

我们从《山海经》《天问》等作品表达出的信息来看，黄河、长江流域分别孕育出了灿烂辉煌的神话传说。关于宇宙起源、人类演进、器具发明以及对天文地理的解释都有神话传说的记载，并且往往某一种题材就有好几种神话传说来解释。中国古代文明历史悠久，今天的考古发现，可以把中华民族的文明历史上溯到近万年前，中国幅员辽阔，早期阶段部落和地域之间联系甚少，文化交流不充分，使得中国神话传说在形成过程中没有被整合成一个单一的系统。

既然有这么丰富的神话传说，为什么传至后世就成为了支离破碎的片段呢？这与中国神话传说的流传历史有关。

各民族神话传说的传播方式最初都是传唱式的，如《荷马史诗》，中国的神话传说也是如此，然而中华文明相对于古希腊文明来说是一个早熟的儿童，理性精神崛起得比较早。伏羲作为中国的人文始祖，创造了以"八卦"为代表的理性文化，而根据《尚书》《史记》等典籍的记载，唐尧、虞舜以下，都是理性精神主导社会的主流意识形态，因此，文化精英重人事而轻鬼神的思想非常浓厚，如孔子"不语怪、力、乱、神"。这种充满理性精神的早慧使得精英们书写的文献很少关涉到口头流传的神话传说，而口耳相传的神话传说在后世又改头换面渐变为民间故事，人们也不把它们当作神话传说看待了。

此外，中国古代记录到竹帛书简中得以保存的神话传说也往往被古人历史化和理性化了，这是中国神话传说独特的保存现象。有的学者主张中国史学成熟较早，很多神话传说被理性地诠释，成为了历史。比如神话传说中夔是一条腿的怪物，《说文解字》说："夔，神魅也，如龙一足。"《六帖》说："夔，一足，踔而行。"而《孔丛子·论书》记载，鲁哀公问孔子说："吾闻夔一足，有异于人，信乎？"孔子回答说："昔重黎举夔而进，又欲求人而佐焉。舜曰：'夫乐，天地之精也，唯圣人为能和六律，均五音，知乐之本，以通八风。夔能若此，一而足矣。'故曰，一足非一足也。"鲁哀公说："善。"孔子对"夔一足"的解释为只要有夔一位辅佐政治，就足够了。显然，鲁哀公把神话中的怪兽"夔"和历史人物中的"夔"混为一谈，而博学广闻的孔子不可能不知道神话传说中的"夔"，但他不认同虚构的神话传说，因此，并没有纠正鲁哀公的张冠李戴，而是对鲁哀公的张冠李戴进行了理性的诠释，以此来消除神话传说的影响。孔子的解释也说明鲁哀公和孔子并不认为商周青铜器的独脚龙纹就是"夔龙纹"。

中国神话传说虽然显得零碎且不成系统，但是所表露出的走出蛮荒的伟大历程中所培育及发扬的"善"的美德，却正是中国人早熟的理性精神的根本。中国神话传说中的神是人类的保护者，是爱人者，是真、善、美的化身。如补天的女娲、射日除害的羿，这些神明与英雄以自我牺牲的精神为百姓创造着福祉；又如精卫填海、夸父追日，昭示了中国上古早期居民正义、善良、勤劳、勇敢、乐观、豪迈的品格。

而在古希腊神话传说中，众神则多与嫉妒、仇恨、惩戒、复仇、灾难相关，他们都具有人的情感，时不时因为自私与欲望做出点邪恶的事来，在形象上，古希腊的神具有人的形体，我们可以称之为"神人同形，神人同性"。

中国神话传说中掌握强大力量的神与英雄却是脱离了人的欲望，常常以半人半兽的形象出现，怀抱超凡脱俗的神性与爱人的美德，保护着弱小的人类。可以说中国神话传说从一开始就注重人的社会性，而这一性质也使得神话传说蕴涵的道德品质更加容易被人的理性所掌握，神话传说与历史更加易于交融：中国古人不仅以历史的理性精神解释神话传说，还常常给历史穿上神话的外衣，比如《穆天子传》就给历史上有着卓绝功勋的周穆王附上了强烈的神话色彩，把历史变为后世所津津乐道的神话故事。

中国神话传说反映原始人认识自然、改造自然的愿望，传达了早期的民生疾苦，也体现原始人追求社会公正、反抗暴力和邪恶的自由意志。如关于开天辟地、女娲补天、女娲造人、大禹治水、后羿射日、共工与颛顼争帝等神话，就是反映原始人认识自然的形成、自然现象，改造自然、改造人类的生存境遇的努力；洪水神话、太阳神话，实际是水灾、旱灾现实困境的反映；黄帝与炎帝的战争、精卫填海，甚至原始人与自然界邪恶势力的斗争，都是原始人希望消除现实霸权，掌握自己命运的自由意志的体现。中国古代神话在艺术上可以看作是一种对后代叙事文学有深远影响的文学形式，但是这种叙事形式是简洁的，没有敷衍的，这与西方神话完全不同。当然，这其中可能有中国古代神话在早期就脱离传说时期，而以文字记录的缘故，但是，这种现象使我们有理由推断，中国古代神话，特别是在中原地区流传的神话故事，是中国古代文学崇尚简洁的艺术精神的源头。同时，中国古代神话所具有的想象性、虚构性，把自然人化，把人神化、妖魔化的想象力，也给中国文学的想象性提供了可资借鉴的传统。中国神话传说立足于改善现实人的自然、社会境遇，使中国古代文学一直体现出以人为本、以社会弱势群体为本的特点；同时，中国古代神话也不断成为中国古代文学的表现素材，神话的绮丽想象，以及艺术化的表现手法，充满正义、崇高的英雄人物形象，都成为中国古代文学——无论是如《楚辞》这样的充满崇高悲怆情结的诗歌，还是《西游记》这样幽默滑稽的小说——所积极汲取的养分。

中国神话传说包括自然神的故事、英雄神的故事，以及异人异物的故事。自然神神话，如风神飞廉、雨师屏翳、水神共工、旱神女魃、火神祝融的故事。英雄神的故事，如以女娲、后羿、黄帝等为主人公的神话。异人异物神话，比如羽民国，国民长有翅膀，可以自由飞翔；谨头国的国民人面，鸟喙，有羽翼，以捕鱼为生；奇肱国的人臂长，乘飞车。而自然神和英雄神的故事是最能代表中国神话传说特征的部分，因此，本书以自然神和英雄神的神话传说为分析的重点。

中国神话传说是现实与理想的结合，是悲剧与崇高的结合，它集中地反映了中华民族的民族精神：不断追求真理与正义，对理想充满憧憬；不畏强权和霸权，并把这种民族精神做了艺术概括。本书力求通过对中国神话传说的阐述，给读者展现中国神话传说的丰富内涵和不朽的感染力。

目 录

文明的
童年

中国神话传说

1

流动的精神家园
——中国神话传说的著录及特点

▌ 早期与神话传说相关的文献

在浩如烟海的中国古代文献典籍中，中国神话传说就如同无数零珠碎玉，嵌布于茫茫古籍之中，需要我们淘沙拣金。如果对记录中国神话传说的重要典籍缺乏必要的了解，那么要想从如此浩瀚的资料中了解中国神话传说真不是一件容易的事。

在所有的中国古代文献典籍中，《山海经》最有神话学价值，被后人称为"神话之渊府"，是中国先秦时代记录神话最多的古籍，羲和生日、常羲生月、夸父逐日、精卫填海、鲧腹生禹、刑天争帝、黄帝战蚩尤等神话故事，都出自或仅见于《山海经》。但古代中国人一般将《山海经》视为记录世界真实情况的地理著作。很少有人意识到《山海经》其实是运用神话的方式记录了古人的地理知识，当中包含了不少神怪及神话故事。

《山海经》内容丰富，记述怪诞，以地理方位分章记录描述了许多人兽同体的神怪和形形色色的奇人异物。其中《海外北经》记录着龙身人头、鼓着肚子的雷神，鸟身人面、乘着两条龙的木神以及人面蛇身、通体红色、身长千里的钟山之神（即烛龙）等；《海外西经》载有一臂国

图1-1 一臂国，《山海经·海外西经》（蒋本）（曾舒丛/摹）

　　海外自西南向西北有很多国家，一臂国在三身国的北边，这里的人一臂、一目、一鼻孔。画中一臂国国民骑着黄马，马的花纹是老虎的虎纹，一目，而前蹄则是人手，且也仅有一只。

（图1-1），那里的人只有一只臂膀、一只眼睛、一个鼻孔；还有一个奇肱国，那里的人一只手臂，三只眼睛，有阴有阳，能够制作类似飞机的"飞车"御风而行，此外还有羽民国、长臂国、不死国、大人国、小人国等。上述奇神怪物在《山海经》中可谓琳琅满目、数不胜数。与此同时，《山海经》中的神话虽也多属片段式记载，但不少故事已有清晰的轮廓，营造了一个奇幻的神话世界。在这些充满丰富幻想的奇谈怪论的背后，隐藏着的是上古时代的文化风俗和人类理想，反映了中国上古早期居民对世界多方面的探索。

（右）图1-2 西汉淮南王刘安，《瑞世良英·卷一·潜确类书》插图

　　刘安，沛郡丰（今江苏丰县）人，西汉时期思想家、文学家。刘安为人好书，不喜戈猎驰骋，招致宾客方术之士数千人，由其门客编纂了《淮南子》。《淮南子》以道家思想为指导，吸收诸子百家学说，在阐明哲理时，旁涉奇物异类、鬼神灵怪，保存了一部分神话传说材料。

漢淮南王曰聖人者不耻身賤而媿道之不行
不憂命之短而憂百姓之窮也故禹爲水以身
解於陽汚之河湯爲旱以身禱於桑林之下

潜確類書

《淮南子》又名《淮南鸿烈》《刘安子》，是西汉宗室淮南王刘安 (图 1-2)（前179—前122）广招宾客编写而成。《淮南子》的神话学价值在古代典籍中仅次于《山海经》。书中对神话的搜罗十分宏富，如海外三十六国、昆仑山、九州八极等。而其最大的贡献就是比较完整地记录和保存了中国著名的四大神话：女娲补天、共工怒触不周山、后羿射日、嫦娥奔月。这四大神话传说在《淮南子》之前的典籍如《归藏》《竹书纪年》《山海经》《楚辞·天问》《吕氏春秋》中曾以不同面貌出现过，但都是几句话的陈述，到了《淮南子》，故事的细节才丰满起来。

《穆天子传》，又名《周穆王游行记》，是西周的历史神话典籍之一。《穆天子传》(图1-3)主要记载周穆王率领七萃之士，驾上赤骥、盗

图1-3 穆天子会见西王母，东汉画像石拓片

整个画像石分上中下三层：上层是天城，有飞龙；中层是大地，有骏马；下层是海域，有鱼类坐骑；画面正中央是仙阁，顶层居中端坐的即是西王母，正远眺穆天子的到来。

骊、白义、逾轮、山子、渠黄、骅骝（也作"华骝"）、绿耳等骏马，由造父赶车 (图1-4)，伯夭（也作"柏夭"）做向导，从宗周出发，越过漳水，经由河宗、阳纡之山、群玉山等地，西到西王母之邦，和西王母宴饮酬酢的神话故事。本书应是根据神话材料编写的历史传说故事，由于书中所记昆仑山、周穆王会西王母故事，有极强神话特点，所以，可以说《穆

图1-4 罔作大正图，[清] 孙家鼐(1827—1909)《钦定书经图说》插图

造父是西周善御者，传说他在桃林一带得到八匹骏马，调驯好后献给周穆王，此图正是造父献马的场景。周穆王见西王母时徐偃王造反，造父驾车日驰千里，使周穆王迅速返回了镐京，及时发兵平定了叛乱。造父有功，周穆王把赵城赐给他，于是造父族以地为氏，成为赵国始族。

天子传》是有神话传说特色的历史传说，所以，其叙事较其他神话传说更具艺术性。

"楚辞"本是战国时代的伟大诗人屈原 (图1-5) 创造的一种诗体，汉代的刘向将屈原的楚辞体诗歌与宋玉等人学习屈原而写的作品编辑成一个集子，名为《楚辞》。《楚辞》中保留了较多的神话材料，主要体现在屈原的作品之中，其中尤以《天问》一篇为最。在《天问》中，屈原运用了大量的神话作为素材，有上古神话中的动物、植物，如吞象的大蛇、照明的烛龙、神奇的应龙 (图1-6)、九首的雄虺、发光的若华等；也有盘古开天、鲧禹治水等英雄神话。其中有些材料较其他书所载更接近于神话的原始面貌，因此具有很高的学术价值。但是屈原只是采用提问的方式，以诗句的形式只鳞片羽般提及某些神话，想要了解所涉神话的整个背景，必须与其他神话文献对读。

《诗经》原称《诗》，是由孔子 (图1-7) 编撰的我国第一部诗歌总集，收录殷商中后期及西周初年至春秋中叶五百多年间的诗歌作品三百零五首。《诗经》在内容上分风、雅、颂三类，

图1-5 屈原像，[清] 任熊/绘

屈原（约前340—约前278），名平，字灵均，为楚怀王左徒，博闻强记，明于治乱，娴于辞令，后因谗言而被楚怀王流放，最终投汨罗江而死。屈原是中国最伟大的浪漫主义诗人之一。画中屈原佩剑执兰，兰象征着高洁美好的人格。

图1-6 应龙，《山海经·大荒东经》（蒋本）（曾
舒丛/摹）

应龙是黄帝的神龙，有翼，曾奉黄帝之令讨伐
过蚩尤，并杀了蚩尤而成为功臣。屈原在《天问》
中以"河海应龙，何画何历？蠡何所营？禹何所
存？"的诗句对禹治洪水时应龙曾以尾扫地疏导洪
水而立功的神话故事表达了疑问。

其中雅又分为大雅和小雅。大雅和颂中有的诗篇，是商、周民族史诗，其
来源本应早于商、周时代，基本可以追溯到五帝时代，因此，在史诗叙述
中，包含有神话内容，就是可以理解的了。如《商颂·玄鸟》就记录了
商部族始祖契的诞生神话：有娀氏之女简狄吞下燕卵而生契。又如《大
雅·生民》，则记录了周部族始祖后稷降生的神奇经历，其母姜嫄踩了巨

图1-7 孔子像（曾舒丛/摹）

孔子（前551—前479），中国历史上伟大的思想家和教育家，儒家学派的创始人。他整理编订了《诗经》《尚书》《礼记》《乐经》《周易》《春秋》。在天道观上，孔子认为"天""命""鬼神"都是"六合之外"可以"存而不论"的东西，不否认天命鬼神的存在，但又对其持怀疑态度，主张"敬鬼神而远之"，对于神话也一直保持着理性的态度。

人的脚印便怀孕生下了后稷。这些神话虽然是零星的片段，但却反映出中国上古早期居民借助于想象构建部族历史的意图。

　　此外，由于神话本身具有简明而深刻的寓意，先秦诸子为阐述自己的理论而时常引用或改造神话，因此如《庄子》《孟子》《墨子》《韩非子》《吕氏春秋》等书中均保留了一些神话资料。其中以《庄子》一书的神话资料最多。《庄子》主要部分是战国时期的庄周所著，全书分内篇、外篇和杂篇三个部分，基本体现了庄子学派的学术观点。《庄子》以寓言为最主要的表现方式，其中有些寓言即是神话（图1-8），而另一些则往往是对上古神话的改造，如鲲鹏之变、黄帝失玄珠、儵忽凿浑沌等。其中，儵忽凿浑沌被认为是中国宇宙起源神话之一，反映了中国人的宇宙观。

还有一些先秦的史书中也保存有珍贵的神话材料，如《左传》《国语》《逸周书》等，这些史书中的神话大多经过史家的改造，借以说明古代的历史，但仍残留有原始神话的影子，形成了中国神话与历史相互融合的古史观，影响到后世史书的创作。

总之，中国记载有神话传说的古籍众多，这些古籍对神话传说的保存与流传起到重要的作用，是我们了解汉民族神话传说的主要材料；但是这些古籍中未能出现系统而专门的神话传说著作，所以要想全面地了解中国的神话传说还需后人的爬梳整理。

图1-8 庄周梦蝶，[清末民初] 马骀/绘（曾舒丛/摹）

故事出自《庄子·齐物论》："昔者庄周梦为蝴蝶，栩栩然蝴蝶也，自喻适志与！不知周也。俄然觉，则蘧蘧然周也。不知周之梦为蝴蝶与？蝴蝶之梦为周与？周与蝴蝶，则必有分矣。此之谓物化。"此类运用奇伟想象而作的寓言，来自于神话思维，画中卧睡的庄子，正在展开无边的神话想象，沉浸在不知自己梦蝶还是蝶梦自己的物我齐一的境界中。

▎ 与历史真实的纠结

中国是一个历史悠久的文明古国，文明之花在中华大地上薪火相传，生生不息。由于十分注重文化传承，中国的史学很发达，历史著作汗牛充栋，从黄帝时代一直到今天，整个文明进程中都有官修正史的记载。中国的神话传说也十分丰富，并且始终处于一种开放发展的状态，旧的神话传说不断变化发展，新的神话传说不时产生。历史与神话传说有着天然的联系，历史往往是神话传说的来源，经过幻想的加工，附着上神话色彩；神话传说有时也是历史事件的演绎，因此，后人也试图从神话中寻绎历史真实事件的痕迹。历史与神话传说的纠结在中国古代文献，特别是在古代口传文献中表现得尤为突出。

由于历史久远，文字记载的简略，传世文献的不足，中国的远古史乃至部分上古史多与神话传说杂糅在一起。在文字和书写工具出现以前，历史在口耳相传中逐渐被添枝加叶，成为神话的重要载体，或者说历史被神话化了。比如，羿射日的神话可能是对历史上的一次大旱灾的神话化反映；鲧禹治水的神话可能是当时的一次大水灾留给人们的记忆。黄帝战蚩尤、黄帝战炎帝等战争神话也许是当时在部族融合中发生的冲突。而各部族的始祖神话、创造发明神话以及少数民族的史诗神话可以说都是以真实的历史为基础，加以神化的产物。

在缺乏文字记载的时期，历史只能以神话传说的方式流传下来，历史被神话化是不可避免的命运。然而当有了文字之后，历史在某些时候依然会

图1-9 高祖斩蛇，[清]吴友如/绘

汉高祖刘邦，出身平民阶层，秦朝时任泗水亭长，画中斩白蛇之事就在此时。汉代流行谶纬，高祖斩蛇这件事被神话化为"赤帝子斩白帝子"。赤帝即"炎帝"，此处"赤帝子"代指刘邦，"白帝子"指的则是秦统治者，"赤帝子斩白帝子"，表明汉当灭秦。

被演绎成神话传说。理性的文明社会并不缺乏神话思维，也时常产生新的神话。历史上的某些伟大人物或重大事件，往往会被附庸上神话色彩，形成新的神话。受始祖神话的影响，后世的帝王总会被多多少少附上神话色彩。如《史记·高祖本纪》记汉高祖刘邦母亲刘媪在大泽之陂休息，梦与神交媾，而刘邦父亲刘太公见雷电交加，白昼如夜，就去寻找刘媪，却发现蛟龙正趴在刘媪身上。不久刘媪怀孕，生了刘邦。刘邦"隆准而龙颜，美须髯，左股有七十二黑子"，好酒好色，每醉酒而卧，人们都发现有龙盘桓在他的身上。刘邦任亭长，夜经泽中，曾拔剑斩一白蛇，一老妪自称是白蛇之母，哭着对人说她的儿子是白帝之子，被赤帝之子杀害 (图1-9)。刘邦的神异连秦始皇也感觉到了，认为刘邦所在地"东南有天子气"，所以东游以镇此气，刘邦逃匿，隐于山泽岩石之间，刘邦夫人吕雉发现刘邦藏身处上有云气，所以很方便找到刘邦。这些记载，都为刘邦披上了神奇外衣。除了刘邦，后来的关羽、岳飞 (图1-10) 等英雄人物也均被神化，成为

图1-10 刺字报国，天津杨柳青木版古年画

岳飞，南宋抗金名将，战略家、军事家。画中描绘岳母姚氏在岳飞背上刺下"精忠报国"四字的传说故事。这则故事宋人的笔记和野史均无记载，元人所编的《宋史本传》才有岳飞刺字的故事，但未注明出自岳母之手，而"岳母刺字"则最早见于清乾隆年间的《精忠说岳》，从中可见从历史到传说演变的脉络。

人们顶礼膜拜的天神。就这样，历史人物成为了神话传说的主人公，历史事件成为了神话传说的故事基础。也正因为如此，文化人类学的学者们才可能通过神话传说来研究文化与历史。

神话的历史化与历史的神话化相对，就是把神话看成是历史或者是把神话转换为历史，使之成为后人了解没有文献记载的上古及远古时代的重要材料。黑格尔曾在《历史哲学》中说道："中国的史家把神话的和史前的事实也算作完全的历史。"需要指出的是，中国神话传说的历史化是以历史的神话化为前提的。由于中国神话是在历史的基础上产生的，随着理性精神的崛起，历史学家对神话化的历史进行了去伪存真的还原。

应该说，历史学家对神话传说进行历史的还原有其合理性的一面，只是这种还原造成了神话传说的巨大损失。

神话的历史化，通常的做法是把天神下降为人的祖先，并去掉故事中的神话色彩，使之成为符合理性的史实，从而构建出一个始祖及其发展谱系。三皇五帝时代由于缺乏文献记载，成了中国历史上的神话传说时代，但通过对神话传说的历史性还原，我们仍可依稀看到那

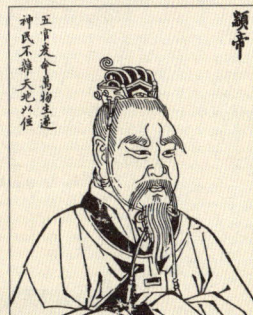

图1-11 五帝像

"五帝"指上古贤明的帝王君主，因为年代久远，其人逐渐被神话。司马迁《史记·五帝本纪》说五帝有：黄帝，居五帝之首；颛帝，即颛顼，是黄帝子昌意的后裔；帝喾，是黄帝的曾孙；帝尧，帝喾次子；帝舜，虞氏，名重华，又称虞舜。

段历史的大致面貌。比如《史记》的开篇就列有《五帝本纪》(图1-11)，以黄帝、颛顼、帝喾、唐尧(图1-12)、虞舜(图1-13)为五帝，将有关他们的神话传说写进了正史之中，作为中华民族文化与历史的源头。五帝在中国文化里具有极高的地位，他们的时代是最理想的社会，他们的品德是后世无数仁人志士希望企及的理想标杆。然而有关他们的故事只有神话传说流传下来，于是就不可避免地要经历神话历史化的过程。

图1-12 帝尧亲民，壁画，河南登封嵩阳书院道统祠（聂鸣/摄）

尧初封于陶，又封于唐，故有天下之号为陶唐氏，号曰"尧"，史称为唐尧。尧在位百年，有德政，常征求四岳的意见，设立诽木，征求平民意见，举贤授能，后让位于舜。壁画中画的就是人们寄托心中向往的尧的亲民形象。

图1-13 虞舜圣君·大孝感天，《古代二十四孝图说》插图

　　舜青年时就有贤德，传说舜在历山务农，象替他耕田，鸟
给他锄草，只要是他劳作的地方，便兴起礼让的风尚，无论舜
到了哪里，人们都愿意追随舜。帝尧知道了舜的德行，起用他
做丞相，最后让帝位给他，使他成为著名的圣君。

在神话的历史化中，上古神话中那些半人半兽的奇异形象和神性，由于违背了经验理性，且无法被纳入历史谱系中，因而遭到删减或者修改。如《尸子》记载孔子的弟子子贡问孔子："古者黄帝四面，信乎？"孔子回答："黄帝取合己者四人，使治四方，不计而耦，不约而成，此之谓四面也。"古代黄帝有四张脸的神话，被孔子解释为黄帝选出四位能臣治理四方的历史。儒家思想是中国传统文化的主流，作为圣人的孔子对待神话的态度自然也会对神话的流变产生重大的影响。

从中国古人的神话与历史观可以看出中国古人的思维是神话思维和理性思维的相互纠结和交融。因此中国古代学者可以把记录神怪的《山海经》当成地理与历史著作，中国古代的历史学家可以引用大段的神话传说来突出某一历史人物的独特之处，"不语怪、力、乱、神"的儒家学者可以大倡天人感应、灾异学说。

其实，中西方神话都与历史有着难分难舍的牵连。如古希腊神话的特洛伊战争未尝不是历史上真正发生过的事实，只是神话将它从纯属人的战争神化成了一场由神主导的战争。而《圣经·出埃及记》也未尝不是对以色列先民的一次集体迁徙事件的神话反映，而其向导摩西(图1-14)未尝不是真实的历史人物。这些都可看作是西方早期历史的神话化。又如古希腊神话中的英雄故事内容丰富，形象丰满，系统完整，与历史貌似，这未尝没有古希腊人在有意无意间将神话历史化的因素存在。

然而与中国文化不同的是，这样的现象只存在于西方文明的童年时期，即古希腊和古罗马时期，当西方文明步入中世纪乃至古典主义时期后，历史的神话化与神话的历史化现象可能只有在宗教里才能找得到。而在中国文化里，由于童年文明的早熟，未能形成严格意义上的宗教，中国人的宗教情结无处宣泄，于是不知不觉中将童年的那份缺失转移到了身边的一切。所以在中国传统文化中虽没有持续的宗教情结，但却随处都流露

图1-14　渡红海，湿壁画，[意] 布隆基诺/绘，意大
利佛罗伦萨古宫藏

　　画中的摩西是一个头上长着高低不同的两只角的
体格健壮、胡须低垂的老人。《圣经·出埃及记》记
载摩西带领受奴役的犹太人逃出埃及，法老派铁骑追
逐。犹太人前有红海，后有追兵，上帝命摩西举起手
中的杖，海水就一分为二，犹太人走过红海，而后面
的埃及追兵则被复原的海水全部淹死。

出宗教意识。神话与历史的纠结也多少与此有关。

　　中国人特别擅长幻想与理性相结合的思维方式，所以中国神话也呈现
出一种幻想与理性互存的风格，既不如历史般理性，又不如西方神话般神
奇。中国文化中神话与历史的相互纠结而又水乳交融的现象在其他文化中
是很难见到的。这也正是中国文化令西方人感到深奥与神秘的原因之一。

▎演化中的故事

　　中国神话传说是一个开放的体系，其中不少神话应该是在既有的历史事实的基础上，不断敷衍而生成的，而且在生成以后的流传过程中，又不断发展变化，或增加，或减少，或变异，新的神话传说产生，旧的故事逐渐消亡。有些历史演绎成神话传说，有些神话传说被净化为历史，原本执掌人类命运的超自然神灵的一部分权力被委任给了某些早已辞世的影响深远的人类英雄，他们变成了逍遥自在长生不老的神仙，神话就变成仙话。人变成神，神变成人。古老的神话传说被演绎出不同的版本。甚至还有不同神话传说相互渗透，不同的神话形象累积叠加，从而形成了神话传说的故事情节不断丰富、神话形象不断丰满，甚至神话主题也不断变化的特点。中国神话传说的丰富性与多系统性也与此有关。

　　在中国历史上，伏羲被认为是中国的人文始祖，他所处的时代应该是蒙昧时期向文明时期过渡的阶段，但是，在有些神话传说中，伏羲与女娲一起，成为中国人类始祖神话中的两位众所周知的大神，他们的形象以及他们兄妹结婚的神话故事就经历了一个发展演变的过程。

在汉应劭《风俗通义》里记载了"女娲团黄土做人"的故事。后来，随着生殖知识的丰富，却逐渐演变成女娲兄妹婚媾生人的故事。人类早期阶段，近亲通婚尚未成为禁忌，女娲既然是人类始祖，需要一位丈夫，这位丈夫自然与女娲由一个来源生成，兄妹关系就是最有可能的了，她就只好与兄长成为一对夫妻。现存汉画像石中，有一对人首蛇身的夫妻（图1-15），现在命名为《伏羲女娲图》，伏羲与女娲交尾，象征人类的繁衍过程。

图1-15 伏羲女娲图，东汉画像砖，河南新野出土文物（聂鸣/摄）

画像砖中的人物人首蛇身着汉服，表现的是远古伏羲、女娲交尾创造人类的神话。此画像砖中伏羲的日规、女娲的月矩并没有出现，取而代之的是两人头顶的华盖，其交尾之处则缠绕着神兽玄武。

19

有些学者认为，伏羲和女娲作为人类始祖的神话，起源于苗族的传说，也有人认为，《楚帛书甲篇》有阴阳"二神"，所指即女娲、伏羲。女娲、伏羲为阴阳二神，就是《易》所谓阴阳两仪。在汉墓壁画、画像砖石中，伏羲手捧太阳或日规，代表阳；女娲手捧月亮或月矩，代表阴。伏羲、女娲结婚生育四子，才育有万物，这是阴阳化育万物的开始。伏羲、女娲交尾相拥，繁衍人类，日规月矩代表"规矩"，象征着人类婚姻与伦理规范（图1-16）。

毫无疑问，早期的女娲兄长，本不应该是伏羲，唐人李冗《独异志》载，在宇宙初开之时，只有昆仑山女娲兄妹二人为人类，所以只好成了夫妻。五代蜀人杜光庭《录异记》载陈州有伏羲女娲庙，也就

图1-16 伏羲女娲，唐代帛画

画中的伏羲、女娲人首蛇身着唐装，其身份已能通过手中的日规、月矩来辨别。帛画中除了人物主体外，还有日月星辰以及升腾的云雾，描绘了伏羲、女娲创造人类时的博大气象。

是说，到了五代前后，女娲的兄长正式被命名为伏羲了。不过我们相信，和女娲有夫妻关系的伏羲，当然不是人文始祖的伏羲，最多可以理解为同名异人而已。

在李冗的《独异志》里，未出现伏羲的名字，女娲兄妹是普通的人类，是天底下最早的两个人，有如古希伯来神话中的亚当、夏娃(图1-17)，只是不知道他俩是如何产生的。兄妹两人已经知道兄妹结婚的不伦，因此不好意思，于是他们燃烧篝火，求神灵指示，设若烟雾升腾到空中结合在

图1-17 亚当和夏娃，[德]鲁卡斯·克尔阿那赫/绘，德国柏林国立博物馆藏

这幅画描绘了亚当和夏娃在伊甸园里受到蛇的引诱偷吃禁果的情景。亚当是上帝创造的第一个人，后来上帝用亚当的肋骨创造了夏娃，他们成为西方神话中人的祖先。夏娃源自亚当的肋骨暗示了他们的血缘近亲关系，而中国神话中伏羲女娲的兄妹关系也同样反映了远古社会近亲结婚繁衍的事实。

一起，便是神的意志让他们结合。当然，故事最终的结局是预设好的，烟雾升腾到空中结合到了一起，女娲兄妹认为已得到神的意旨，便结为夫妻了。

后来，这个故事又有发展，说是天降洪水，伏羲、女娲得到神龟的帮助活了下来，成为仅存的两个人，兄妹得到神的意旨而成婚，并繁衍后代。情节与古希伯来的诺亚方舟神话十分相似。

伏羲、女娲作为人类始祖的神话的这个变化，是人们有关婚姻知识与伦理意识的丰富与增强所导致的。原始的神话传说思维更为直接大胆，产生的故事简单而奇幻，人物更具神性。后人在古神话的基础上进行加工改造，使之更符合后人的伦理观念，故事情节的进一步丰满，意味着文学色彩的加强，故事性的增加。而在故事中人性色彩的价值考量方面，作为主人公的神灵的神性不断减弱，超自然能力下降，人性色彩增强，甚至最后演变为普通人。这表明整个作品的理性色彩不断提高了。理性化与文学化是中国神话传说在流变中的一个重要特点。

中国神话形象不断变化的一个最典型的代表就是西王母。西王母形象的发展演变充分体现了中国神话传说与仙话合流的流变特点。

西王母最早出现在《山海经》里（图1-18），是一个可怕的神灵，长着豹子的尾巴，老虎的牙齿，头发蓬乱，戴顶奇怪的帽子，喜欢大啸，其职能为掌管灾疫和刑罚，简直就是恐怖的瘟神，而且性别也不清楚。西王母与猛禽为伴，其所居环境也是异常凶险，充满着神秘的色彩。

到叙述西周故事的《穆天子传》里，西王母已经变成一位温情的妇人，她在西方的瑶池宴请远道来访的周穆王，还吟唱了一首动人的歌曲。到汉代典籍《淮南子》里，西王母赐给羿不死之药，从凶神变为吉神，已表现出了仙化的特征。至汉魏小说《武帝内传》和《武帝故事》中，西王母已然成了三十来岁、华贵美丽的仙人。她从云间降临汉武帝宫中，赐给

图1-18 西王母，《山海经·西次三经》（汪本）
（曾舒丛/摹）

　　《山海经》中的西王母应是其最原始的形象：戴着一顶奇怪的帽子，全身掩藏在宽大的衣袍里，似乎是一位老妪的形象，但是其龇开的牙和如虎爪的脚趾却显得如此凶猛与可怕。

皇帝一枚蟠桃，教他长生之术。至此，西王母的神话已完全被改造成了仙话。受道教思想的影响，手持不死之药的西王母受到人们的狂热崇拜，成为众仙的领袖。

　　当西王母汇集了众多神格功能，融合了多神信仰，成了无所不能的人间尊神的时候，她也最终被定格为民间知名度最高的神祇之一——王母娘娘（图1-19）。神话在仙化的过程中，故事性加强，内容更为丰富，但可惜的是其中所蕴涵的原始思维、人文关怀、民族精神以及审美价值却在仙话中被弱化或摒除了，这与魏晋时期道教思想追求享乐，不注重人文关怀的特征是相吻合的。

　　与西王母神话一样呈现仙化痕迹的嫦娥奔月神话与羿射日除害神话在流变中与西王母神话相互渗透，相互联系，三者最终融合成一个较完整的嫦娥奔月的故事。

　　嫦娥奔月神话在战国初年即已定型，但最初是独立存在和发展的，并没有与后羿射日神话联系在一起，只说嫦娥服用了不死之药后奔月。1993年出土的湖北江陵王家台秦简《归藏·归妹》说："昔者恒我窃毋死之

图1-19　瑶池仙乐图，[元]
张渥/绘

　　画中四位寿星在瑶池恭
迎御风乘云而来的西王母，
身旁侍女手捧托盘，上有仙
桃四枚。此时的西王母脱去
了凶狠的面孔，从性别未辨
的人神转为美丽庄重的妇人
形象，并且从神话的体系中
转入仙话的体系中，成为了
王母娘娘。

图1-20 西汉蟾蜍玉兔纹瓦当，陕西省咸阳市淳化县西汉甘泉宫遗址出土（李军朝/摄）

这枚瓦当是国家一级文物。当面图案生动传神，分上下两部分，上部雕着一只带翼疾奔的小兔子，四腿伸展，前足跃起，双耳后倾，尾巴上翘；下半部是一只蟾蜍，圆目突起，大腹鼓圆，舌长伸，刻画细致传神。传说奔月后，嫦娥化为蟾蜍形象的月精。

（药）……"其中，"恒"有"常"之意，"恒我"即"嫦娥"。《文选》收录的王僧达《祭颜光录文》一文中，李善注引《归藏》说："昔常娥（即嫦娥）以西王母不死之药服之，遂奔月为月精。"到了《全后汉文》辑东汉张衡《灵宪》里则成了："嫦娥，羿妻也，窃西王母不死药服之，奔月。将往，枚占于有黄，有黄占之，曰：'吉。翩翩归妹，独将西行，逢天晦芒，毋惊毋恐，后且大昌。'嫦娥遂托身于月，是为蟾蜍。"

（图1-20）

其实，早于张衡的《淮南子》关于嫦娥的记载就已经十分丰富了。《淮南子》载，羿请不死之药于西王母，嫦娥窃以奔月，怅然有丧，无以续之。何则？不知不死之药所由生也。又载，昔者，羿狩猎山中，遇嫦娥于月桂树下。遂以月桂为证，成天作之合。逮至尧之时，十日并出。焦禾稼，杀草木，而民无所食。猰貐、凿齿、九婴、大风、封豨、修蛇皆为民害。尧乃使羿诛凿齿于畴华之野，杀九婴于凶水之上，缴大风于青邱之泽，上射十日而下杀猰貐，断修蛇于洞庭，擒封豨于桑林。万民皆喜，置尧以为天子。 羿请不死之药于西王母，托与嫦娥。逢蒙往而窃之，窃之不成，欲加害嫦娥。娥无以为计，吞不死药以升天。然不忍离羿而去，滞留月宫。广寒寂寥，怅然有丧，无以继之，遂催吴刚伐桂，玉兔捣药，欲配

图1-21 嫦娥，[清] 吴友如/绘
　嫦娥吃了长生不老之药便体魄轻盈飘向月亮，与后羿分离。画中描绘的嫦娥孤独一人，独守在偌大的月亮前。月亮之所以在中国文化中代表对忧思离别的寄托，并常常在去国怀乡的诗人那里成为抒发情感的重要物象，与嫦娥奔月的神话有着密切的关系。

飞升之药，重回人间焉。羿闻娥奔月而去，痛不欲生。月母感念其诚，允娥于月圆之日与羿会于月桂之下。民间有闻其窃窃私语者众焉（图1-21）。

原来只是说嫦娥偷了西王母之药，后来嫦娥变成了羿的妻子，而不死之药是羿从西王母那里请来的，嫦娥也随之变成了盗窃丈夫的不死之药的人，并在偷吃不死药之后，抛弃丈夫奔月成仙。嫦娥于是变成了月宫里的一只蟾蜍。然而人们终究是同情美丽的嫦娥的，不忍心让其变成丑陋的癞蛤蟆，于是就加入了羿的坏徒弟逢蒙趁羿不在横抢灵药的情节。

与此同时，羿的形象也在不断变化，天神羿逐渐变成了人间射手——后羿。其实羿与后羿原本是两个不同的形象。后羿是中国上古历史上东方部族有穷氏之君，以善射著称。在神话的流传中，同样善射的天神羿与有穷氏后羿发生了杂糅，致使一般人都难分彼此。

在流变中，不同的故事与形象相互整合，使中国神话传说呈现出某种从孤立到统一，从分散到系统的特点。前文讲的有关嫦娥、羿、西王母的神话故事的相互融合即是一例。再如中国神话中的东、西、南、北、中五大天帝，以黄帝为中央天帝，是最高的天帝，四方天帝：东方的太皞、南方的炎帝、西方的少昊、北方的颛顼共同辅佐黄帝共治天下，由此而试图构建出统一的神话系统。

可以推测，在中国上古蒙昧时期，神话可能有一个完整的体系，只是后来这个体系在进入文明以后逐渐被人淡忘。因此，后代文献记载中出现的杂糅和张冠李戴的情形，都可以看作是后人试图恢复中国神话中完整统一的天帝系统的努力。当然，我们也不能排除，我们这样的推测也许只是我们的一厢情愿。

造成中国神话传说流变的其他因素还有很多。正是因为一直都处于流变中，中国神话传说才能不断发展，不断推陈出新，永远呈现出丰富多彩、生机盎然的景象。

▎ 激扬的人文精神

什么是"人文"呢？在中国传统文化中，有一个很古老的解释："刚柔交错，天文也。文明以止，人文也。观乎天文，以察时变。观乎人文，以化成天下。"这段是《周易·贲卦》的象辞，它把人文放在天文的关照下进行述说：天文就是天道阴阳变化的表现形式，是自然之道。而人文追求文明，并以圣人之道教化天下。中国传统文化对人文的理解，其渊源无

图1-22 神创造日月星辰

《圣经》故事中记载：神说，天上要有光体，可以分昼夜，做记号，定节令、日子、年岁，并要发光在天空，普照在地上。事就这样成了。于是神造了两个大光，大的管昼，小的管夜；又造众星，就把这些光摆列在天空，普照在地上，管理昼夜，分别明暗。神看着是好的。有晚上，有早晨，是第五日。

疑可以上溯到中国古代神话。

在《旧约》记载的创世神话中，天、地、人、万物都是神谕旨创造的（图1-22），而在中国的盘古创世神话中，开创天地、滋生万物是通过盘古大神的艰辛努力。盘古的出生犹如人的出生，盘古的成长过程犹如人的成长过程，也就是说盘古身上被投射了人的生命力，而非神的超自然力；盘古死后化身万物，也可以看作是中国人"以己观物"地对自然做出的相当世俗化的解释。

中国人从"以己观物"的思维方式出发观察、效法"天文"，最终把人化的自然与自然化的人融合，形成了"天人合一"的新的认知模式。在天人合一观念的作用下，中国人不把自然看成无灵魂的物质世界，而是将其与人的有机生命联系、融合在一起的，同构成有生命与情感的世界。在中国神话传说中，神的形象往往与古希腊的人形化的神不同，多是人兽融合的"人面兽身"或"半人半兽"的形象（图1-23）。这正是源自中国人把人与自然融合为一，而古希腊人把人与自然割裂了的差异。

中国人对于天是敬畏的。在中国人看来，天不是暴虐的、寡恩的，而是仁厚的、多情的；依法天文而形成的人文不是野蛮无礼的，而是文明有德的。因此人文标志着人类文明时代与野蛮时代的区别，标志着人之所以

图1-23 计蒙，《山海经·中次八经》（汪本）（曾舒丛/摹）

计蒙，龙头、人身、鸟爪，臂生羽毛，挥臂张口喷雾致雨，是光山的山神，也是司雨之神，亦名雨师。计蒙的形象以人为主体，糅合了其他动物的形象，带有与自然结合的特征，后世传说中的龙王应是从计蒙的神话形象演化而来。

为人的人性，其首要精神便是"以人为本"。这种精神在神话时代就已经孕育而大。中国神话传说中充满伟大力量的神灵大多是为人类服务的高尚的神，这些神是人的神化，是人的理想化的产物。但在古希腊神话中，虽然神与人同形同性（图1-24），但神不是为人服务的，神是凌驾于人之上的，人永远不可能成为神。而且古希腊神话中的神都因为各自的欲望或愚弄人类或把神的矛盾转变为人类的战争灾难。

正因为古希腊神话中充满着神的私欲，普罗米修斯盗火至人间的事迹

图1-24 宙斯、赫拉在艾达山

古希腊众神之王、天宇的化身宙斯和他的妻子赫拉均为人形化的神，神与人同形同性。图中的宙斯、赫拉及小天使体态丰满，符合18世纪对于人体的审美，人物背后的黑鹰象征着掌管雷电的宙斯的权威。

尤其显得光辉而伟大，并因其自我牺牲、为人类造福的精神而被后世同情与传颂。在中国神话传说中，诸如普罗米修斯般为人类利益而奉献的神灵非常多，在女娲、羿、大禹这些做出了伟大贡献的神灵的光环下，一位与普罗米修斯事迹相仿的神——阏伯的事迹却反倒并不那么为人熟知。

对于火的利用，是人类文明史上重要的事件，《韩非子》中载有燧人氏取火的传说，而《左传》等书则记载有帝喾之子阏伯盗取天火，以实现熟食的故事。阏伯原本是天帝派到人间管理商丘这个地方的神，也是主管商星的神。他到了人间后发现人类茹毛饮血，且夜晚没有照明只能爬着行走，于是决定到天庭去盗取天火。第一次他成功获得了天火，却因无法控制乱窜的火苗、藏匿明亮的火焰而失败。聪明的阏伯第二次盗火时从人间带了一根粗草绳，他用天火点燃草绳，随后把火焰掐灭，只让暗火在草绳里游走。阏伯把草绳藏在身上，带到了人间，藏在草绳里的火种为人类带来了温暖与光明。从此，人们烤上了炭火，吃上了熟食，黑夜里也有了照亮的火把。

普罗米修斯盗火触怒宙斯，被锁在高加索山的悬崖上，每天有一只鹰去吃他的肝，又让他的肝每天重新长上，直到几千年后，赫拉克勒斯把恶鹰射死，才解救了普罗米修斯 (图1-25)。阏伯盗取天火之后，也同样因为偷窃的行为受到了天帝的惩罚。天帝在人间放下了大洪水，冲毁了村庄，殃及许多无辜的生命，熄灭了很多火种，而阏伯为了保护最后的火种，留在了祭祀商星的高台上。及至洪水退去，人们再度来到祭台前，发现阏伯倒在商星台上，而最后的火种则在他怀里闪着光辉。现在位于河南省商丘市的阏伯台，正是为了纪念这位给人类带来光明和温暖却献出生命的伟大英雄。

为了人类而偷盗的事还发生在治水英雄鲧的身上。《山海经》《淮南子》《天问》《尚书》《孟子》载，舜的时候，洪水滔天。鲧窃帝之"息壤"以堙洪水 (图1-26)，不待帝命。息壤是一个会自我生长的土壤，只要投

图1-25 赫拉克勒斯解救普罗米修斯，青铜箱上的
装饰画，出自公元前5世纪的伊特鲁里亚

普罗米修斯是泰坦神族的神明之一，名字的意
思是"先见之明"。古希腊每届奥运会点燃圣火的
习俗也源自普罗米修斯盗取圣火的神话，而现代奥
运会的火炬传递则把这个传统沿袭了下来。

入水中一点，就能迅速长成一面大坝堵住洪水。帝令祝融杀鲧于羽郊。鲧
腹生禹，帝乃命禹卒布土以定九州。禹三过家门而不入，为通轩辕山化为
熊，其妻涂山氏见到后因惊吓而变为石头。石头开启生子，因名为启。最
后禹用疏导的办法止住了洪水。当然，我们相信，鲧窃"息壤"治水，采
用堵的方式，实际上是会带来大灾难的笨办法，舜杀鲧，应该是惩处鲧的
渎职行为，但是，因为鲧的被杀缘于治水，善良的人们还是给了鲧足够多
的同情。

　　古希腊神话中的普罗米修斯虽偷盗但最终获救，中国神话传说中为了
人类而偷盗的神却都被惩罚至死，我们从中可以看出中国上古早期居民对
于公平和公正的深刻理解：为人类奉献不仅要有以人为本的正义目的，而

且助人行为本身也要讲求过程的正义。重视正义的德，是中国伦理型文化的表现，与古希腊向外拓展、征服自然、重智谋轻德行的海洋文化不同，中国伦理型文化开启出一条内在超越的路，把神的谕旨转化为人的道德自觉。中国神话传说反映的以人为本的人文思想确立了人的平等价值观，又包含了个人对于人类普世价值的责任与利他的人文关怀。

图1-26 偷窃息壤，雕塑，湖北武汉大禹神话园（封小莉/摄）

　　舜帝时洪灾严重，令鲧治水，鲧用泥土堵水却没有成效，乌龟和猫头鹰出主意，盗用天帝的神土"息壤"可以彻底堵住洪水。这座浮雕就展现了悲情英雄鲧偷得息壤，肩挑箩筐赶赴洪灾现场的情景。

文明的
童年

中国神话传说

2

探索无限的渴望

——天地开辟与万物有灵神话

▎开天辟地神话

现代物理学以大爆炸解释宇宙的起源，在大爆炸以前的那个东西，科学家称之为奇点，这个奇点看不见摸不着，存在于理论中。中国古人对宇宙起源之前的那个东西，也给起了名字，叫作"浑沌"，他的样子如同一个没有洞的口袋，里面什么都没有，没有天、没有地、没有光明也没有黑暗，但是什么都已存在于其中，这和奇点很像。

图2-1 帝江，即浑沌神，《山海经·西次三经》（蒋本）（曾舒丛/摹）

《山海经》记载的帝江住在西方的天山上，是一只神鸟，形状像个黄布口袋，红得像一团火，六只脚四只翅膀，耳目口鼻都没有，但却懂得歌舞，名字叫作"帝江"，这就是画中展现的形象。到了《庄子·应帝王》中，帝江脱去神兽的外衣，成为有人之情而无人之形的浑沌神。

　　《庄子》里记载了一则浑沌的故事：浑沌是中央的天帝 (图2-1)，没有
七窍（两只眼睛、两个鼻孔、两只耳朵和一张嘴），样子很怪异，他的两
个好朋友，一个是南海的天帝倏，另一个是北海的天帝忽。倏和忽经常一
起到浑沌那里去玩，浑沌招待他们，非常殷勤周到。倏和忽十分感激，
于是他们想到要做点事报答浑沌，就私下里商量："我们都有七窍而浑沌
却没有，不如我们来帮他开七窍。"他们把想法告诉了浑沌，浑沌同意
了。倏和忽用了七天为浑沌凿开七窍，但浑沌却因此死了。

　　浑沌是古人创造出的超验概念，是对宇宙本源的追问。浑沌的死，也
意味着宇宙即将诞生。在浑沌死后，他的内部孕育出了一个大神，名字叫
盘古 (图2-2)，他就是中国神话里开天辟地的主角。

图2-2 盘古，郭文河/绘

　　盘古是宇宙巨蛋破裂
成天和地时诞生的巨人。
他开天辟地，身体化作大
地万物，即为太极，太极
有阴阳两仪之分，阴阳两
仪又变为春夏秋冬四季循
环往复。盘古怀抱太极的
形象也常常出现在绘画艺
术中，民间有"盘古抱
鱼，始有太极"的传说。

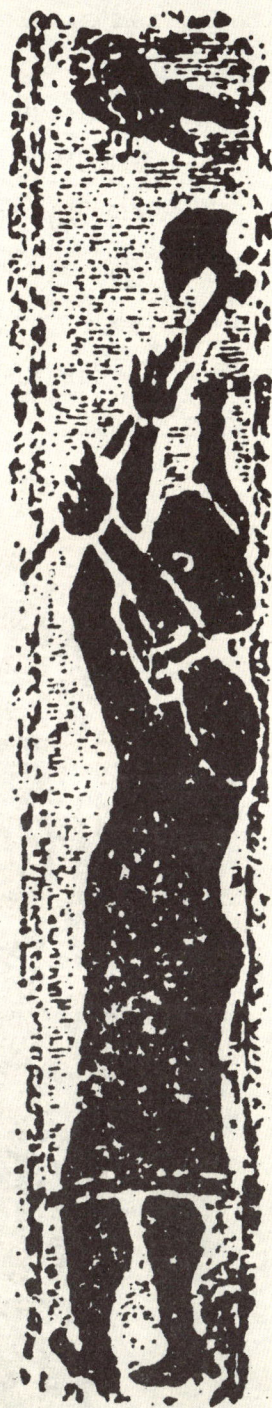

三国徐整所编的《三五历纪》里把浑沌比作一个大鸡蛋，里面没有上下之分，没有日月星辰，一片漆黑。盘古在浑沌的肚子里不吃不喝，只是沉睡，直到一万八千年以后，他忽然醒来，发现周围一片漆黑，想舒展一下筋骨却动弹不得，闷得心慌。盘古一怒之下，不知道从哪里抓过来一把大板斧（图2-3），朝着眼前的黑暗用力一挥，只听得山崩地裂似的一声响，"哗啦！"大鸡蛋顿时破裂开来，渐渐有了些光亮透进来。随后，从鸡蛋里飘出一股清新的气体，飘飘扬扬升到高处，变成天空；另外一些混浊的东西缓缓下沉，降落到下方，变成大地，盘古眼前也愈加明亮。从此，浑沌化为天和地，宇宙产生了。

与《旧约·创世记》的神创造宇宙不同，盘古的工作不像"神说，要有光，就有了光"那么轻松，他劈开天地的过程艰难而伟大。中国人对于宇宙最初的图式在盘古开天辟地的神话里得到了完满的体现，即把类似于"奇点"的浑沌形象化为一个"宇宙卵"。这种"卵生"的概念则是中国诸多神话的一个共同的母题。

图2-3 盘古开天辟地，河南南阳画像石拓片

长期以来，人们都以为盘古首见于3世纪徐整的《三五历纪》和《五运历年纪》。随着考古发掘和学术研究的发展，学者指出汉末兴平元年，即公元194年，四川益州讲堂石室已有盘古像。

盘古用板斧劈开天地之后，为了避免天与地再次合而为一，恢复原来浑沌的样貌，便以自己的身体支撑在天地之间，头顶着白色的天，脚踏着黑色的地。每天，清气不断地向上升，天就会升高一丈，浊气也不断地向下降，地会向下加厚一丈，天地间的距离每日增加，盘古的身体便也同时增长。

天地之间的距离不断加大，站在天地之间的盘古的身体也随之长高，

图2-4 五岳真形图，陕西华阴华山（封小莉/摄）

五岳崇拜源自盘古的神话传说，是山神崇拜、五行观念和帝王巡猎封禅相结合的产物。东岳泰山位于山东泰安市，是五岳之首，西岳华山位于陕西华阴市，南岳衡山位于湖南衡阳市，北岳恒山位于山西大同市，中岳嵩山位于河南登封市。五岳真形图是道教符篆。

这样过了一万八千年，盘古的身体已经足有九万里长了，十分巍峨高大。此时的天地由于盘古的支撑，变得广阔而深远，天地之间的构造变得非常稳固，盘古也不再担心天地会合在一起。他孤独而执著地担任着擎天之柱的工作，已是非常疲惫，实在需要休息。最终他巨大的身体颓然倒地，在刚刚睡着的时候就死去了。

盘古辛劳一生，临死时仍然用自己的身体为世间造福。在徐整所编的另一本书《五运历年纪》上记载盘古的身体从天与地中央倾倒的时候，头朝东方，脚朝西方。他的头化作了东岳泰山（图2-4），他的脚化作了西岳华山，他的左臂化作南岳衡山，他的右臂化作北岳恒山，他的腹部化作了中岳嵩山。

盘古嘴里呼出的最后气息化作了四季的风和空中的云，在天空中飞掠飘荡；他的声音化作了雷霆，轰隆作响；他的左眼化作白天的太阳，火热地照耀着大地；他的右眼化作夜晚的月亮，清凉地一泻千里；他的牙齿化作了石头和金属，闪耀着冷峻的光芒；他的头发和胡须化作颗颗星星，点缀美丽的夜空；他的皮肤和汗毛化作了花草树木，供人们欣赏；他的血液化作江河湖海，奔腾不息；他的肌肉化作千里沃野，供万物生长；他的骨骼和骨髓化作珍珠和玉石，晶莹而温润；他的筋脉化作了道路，交错纵横；他的汗水化作了雨露，滋润禾苗。

北欧神话里也有冰巨人死后化为宇宙万物的故事，冰巨人被神杀死后，神用他的肉造了大地，用血汗造了海洋，用毛发造了草木。这些身体化为万物的神话，都是古人对于宇宙万物人格化的想象，但是在北欧神话里冰巨人是作为邪恶的代表出现的，而在中国神话中盘古则是造福于人世的奉献精神的体现。

盘古神话流传十分广。瑶族人民祭祀盘古（图2-5），非常虔诚，称之为盘王，认为人的生死、寿夭、贫富，都归盘王掌握。每逢天旱，他们一定要向盘王祈祷，并且抬盘王的像游行田间，巡视禾稼。苗族也有类似于

图2-5 负责盘王祭祀仪式的瑶族祭司，2008年11月13日，广东连山县中国第十届瑶族盘王节（萧良华/摄）

盘王节是瑶族祭祀祖先盘古的重大节日，每年的农历十月十六日，瑶族男女老少都要穿上自己民族的节日盛装，聚集在一起唱歌、跳舞，欢度盘王节。他们唱的歌是以《盘王歌》为主的乐神歌，跳的舞则是每人手拿长约80厘米的长鼓群舞，一般为双人或四人对舞。

图2-6 傩戏《开天辟地》（王国红/摄）

图中一位农民戴上盘古面具，手拿板斧道具，表演盘古开天辟地的故事。傩戏，又称傩堂戏、端公戏，源于远古时代，我国先秦时期有巫歌傩舞，后在祭祀仪式的基础上结合民间戏曲形成傩戏。康熙年间傩戏在湘西形成后，经沅水沿长江迅速发展，衍生出了不同的流派和艺术风格。

《旧约·创世记》的《盘王书》，传唱于苗民当中，说盘王是各种文明器用的创造者。传说南海有绵亘三百里的盘古墓，用来追葬盘古的魂魄；又有盘古国，一国的人都以盘古为姓。现在中国各处都有命名为盘古山、盘古庙等供人祭祀盘古的地方；广泛流行于安徽、江西、湖北、湖南、四川、贵州、陕西、河北等省的傩戏中也有专门讲述盘古神话的曲目《开天辟地》（图2-6）。可见，从古至今，中国人从未停止对伟大的老祖宗盘古的崇拜，把他开天辟地的神话和辛劳奉献的品质代代相传了下来。

▌天圆地方神话

中国古人把他们生存的空间想象为"天圆地方",这个观念可以用龟作个比喻,龟圆圆的穹拱形的背甲好像天空,宽平的腹甲好像大地。事实上,世界很多民族解释空间时,龟都扮演着重要的角色,如古印度人就认为大地是一个半圆球,驮在四头大象的背上,大象立于一只巨龟之上,而巨龟则遨游于大海之中。龟水陆两栖的特性连接了大地与海洋,而它的长寿也被古人认为是宇宙永恒的代表,中国上古早期居民运用他们丰富的想象力以及敏锐的类比思维,创造了龟背神山、龟驮大地的浪漫神话,这一类神话似乎普遍见于世界各民族,有学者将这样的神话情节称之为"龟背上的地球"（图2-7）。

图2-7 神龟出海,浮雕,河南郏县文庙大殿外廊（聂鸣/摄）

浮雕中的神龟有着龙的头,蛇的尾巴,背负的龟甲上有星辰的图案。这里的神龟就是常说的玄武,是一种由龟和蛇组合成的灵物。玄,是黑的意思;武古音通冥,就是阴的意思。因为神龟能浮海上,龟甲又像平展的大地,因此世界上很多民族把被海水包围的陆地与神龟作比,用龟背神山、龟甲内的宇宙等说法来解释空间现象。

41

战国时期的《列子·汤问篇》就记载了"龟背神山"的故事，而《山海经》则把大地看作几个同心方块，大地之外就是海洋，在东海上漂着岱舆、员峤、方丈、瀛洲和蓬莱 (图2-8) 五座仙山，这些仙山是中国神话传说里神仙的居住地。在这些有三万里之高的山上住满了神仙，他们都有一对翅膀，如同西方神话中的天使，可以自由飞翔往来于各个山岛。仙山里遍

图2-8 蓬莱山，《山海经·海内北经》（蒋本）

相传秦始皇统一六国后，为求长生不死药来到海边，见海天尽头有座仙岛，便问方士那座仙岛叫什么名字。方士一时无法应答，忽见海中水草漂浮，便以草名"蓬莱"作了回答。"蓬莱"者，"蓬草蒿莱"也。画中蓬莱仙岛漂浮海中，升腾至天空，真是海中神山，云中仙境。

布着璀璨的珍珠树，还有结着长生不死果的神树，
仙人的居所都是用黄金搭建的。但五座浮于海上的
山总是因为海洋的风浪而颠簸漂移，这让神仙们
很苦恼。于是天帝命令北海的海神禺疆 (图2-9) 派遣
十五只大龟，举头将五座神山顶着，每三只一组，
一只顶，另外两只在一旁休息，六万年交替一次。
后来龙伯国的巨人将岱舆、员峤下的六只大龟钓
走，烧炙龟壳问卜吉凶，两座仙山摇摇晃晃地漂向
了北极，最后沉没在大海里，原来居住在这两座仙
山上数亿的神仙只能搬到另外三座仙山居住。天帝
震怒，把龙伯国的人身材缩小，让他们再也不能钓
起大龟。

图2-9 禺疆，《山海
经·大荒北经》（蒋本）
（曾舒丛/摹）

禺疆即禺京、禺强，
是北海的海神，也是东海
海神禺虢的儿子，人面鸟
身，两耳各悬一条青蛇，
足踩双蛇。据说禺疆刮起
的西北风能够传播瘟疫，
西北风也被古人称为"厉
风"。

43

　　中国上古早期居民想象大地是方形的，并把大地的四角称为四维，甚至四维都有名称，东北角叫作报德之维，东南角叫作常羊之维，西南角叫作背阳之维，西北角叫作蹄通之维，四角上都有巨大的绳索把天地连接起来。大地上还有八座高耸入云的大山，称为天柱，这八根柱子共同支撑着天空，保证其不往下坠落，八座山的名字现在我们能知道的只有"不周山"_{（图2-10）}和"昆仑山"。

图2-10　不周山与两黄兽，《山海经·大荒西经》（汪本）

　　在西北海之外，有山却不合拢，名叫不周，有两只黄兽守护这里。周是周全、完整的意思，不周山就是不完整的山，它象征着不完整、灾难。

　　传说共工在与颛顼争夺氏族首领的大战中惨败，非常愤怒，就用头去撞击不周山。共工是一位具有伟力的英雄，不周山被他撞断了，连接天地的绳索也断了。共工怒触不周山使得天向西北方向倾斜，流动在天空中的日月星辰好像伞面上的雨水一样都向西北方向移动了，大地的东南角常羊之维因为绳索的断裂而陷塌，江河、积水、泥沙本来在平衡的好似棋盘的大地上流动，现在棋盘侧倾，它们就像棋子滚落一样朝东南角流去了。江河日夜不停地从东南角注入大海，可大海却并不因此涨起来，这都是因为东海尽头在天地大变时出现了一个叫作"归墟"的大裂谷，海水流进去就消失了，因此海平面始终保持着一个稳定的高度。

　　共工怒触不周山的神话传说是中国上古早期居民解释中原大地地理现象的一则经典神话。中国地势西北高、东南低，江河由西向东流。共工打破天地原本的平衡关系，使得天地倾斜的故事，让一切地理观察得到了神话的解释。但是，天地终究不能一直倾斜下去，于是在女娲补天神话中，天地通过这位伟大女神艰苦卓绝的努力重新获得了平衡。

　　女娲完成了补天的宏伟事业后便回到了神的世界，也就是上面讲到的天柱之一的昆仑山 (图2-11)。昆仑山在中国神话传说中的地位就好像古希腊神话中的奥林匹斯山，它与海中漂浮的五座仙山一样，都是众神栖居之处。并且，昆仑山在中华民族的文化史上具有"万山之祖"的显赫地位，古人把昆仑山作为中华的"龙祖之脉"，无神论者毛泽东也有"横空出世，莽昆仑"的赞词。

　　昆仑山高万丈，这里建有众神的宫殿。山上草木茂盛，都是神奇的植物，其中有一种叫沙棠，它的果子很像李子，但没有核，人吃了就可以浮在水里，漂洋过海。除了植物，还有许多动物可以作为美食，最特别的叫作视肉。视肉没有四肢、没有骨头，浑身都是肉，如果你割去了它身上的一块肉，相同的地方马上就长出一块来，永远也吃不完。中国古人在蛮荒

46

自然的艰难生存中，用极为丰富的想象为遥远的神山赋予了自身对于生活的美好愿望，他们希望可以远游江海，希望可以衣食充足，此时自然意义上的山才真正融入了人类文明，化作了文化意义上的神山 (图2-12)。

图2-12　琅玕树与三头人，《山海经·海内西经》（蒋本）（曾舒丛/摹）

传说昆仑山上有琅玕树，能长出珍珠般的美玉，由黄帝的天神三头人看守。三头人长着三个头、六只眼睛。中国人以三为多，常以三头六臂喻人精明强干，此处三头人应是受原始的数字思维影响，比喻其人眼观六路，防止有人偷摘琅玕。

（左）图2-11　昆仑山

昆仑山，又称昆仑虚、中国第一神山、万山之祖、昆仑丘或玉山，传说是西王母和众仙的居所。在中国神话传说中有两大系统，昆仑系统和蓬莱系统，昆仑山在神话系统中成为诸如奥林匹斯山一样的圣山。

图2-13 陆吾，《山海经·西次三经》（汪本）（曾舒丛/摹）

　　陆吾，昆仑山黄帝帝都的守卫者、天神，兼管天上九域的部界。相传在陆吾的周围，环绕着一些神异的精灵：有一群名叫"土蝼"的神兽，它们像羊而长着四只角，不吃草而吃人；还有叫"钦原"的神鸟，它像蜂一样螫人，但大如鸳鸯，被它一螫，任何鸟兽都会死去，任何草木都必枯萎。

　　当然，巍峨的昆仑山不是常人可以攀登的。古人用神话思维，比附上种种障碍，给昆仑山添了份令人敬畏的威严。昆仑山前有座燃烧着熊熊大火的炎火山，挡住了通往昆仑山的路，这其后还有一处豁大的渊潭，叫作弱水，弱水根本就没有浮力，最轻微的尘埃落在上面也要沉到水底。除了两处天险，在昆仑山上还有一个掌管众神事务的天神陆吾（图2-13），人面、虎身、虎爪、九尾，会吃掉贸然闯入的凡人。只有得到众神许可的伟大巫师才能踏入昆仑山。

　　从天圆地方，到海中仙山，再到不周山与昆仑山，中国上古早期居民在疆域开拓与文明形成时期，逐渐把地理空间变成了文化上的地标。这一意义深远而艰难伟大的历程，皆被中国神话传说隐约地记录了下来。

▍天文谱系神话

物转星移，春秋代序，了解和探索宇宙的运行规则，既是现实生存的必然选择，也是满足中国上古早期居民求知欲的需要。当人们抬头仰望天空之时，那遥远的彼端究竟蕴藏着怎样的秘密，似乎是难以探索梗概的。因此，宇宙的广大舞动了他们想象的翅膀，他们不仅给脚下的大地赋予了文化上的地理意义，还为天空划分了区域，尝试用神话的方式解释天文现象和四季时序。

在《山海经》中记载着神话传说中的四条神龙——夔龙、应龙、烛龙和相柳（图2-14），它们各自所处的地方正是天地间的东西南北四方，在原始历法龙星纪时制

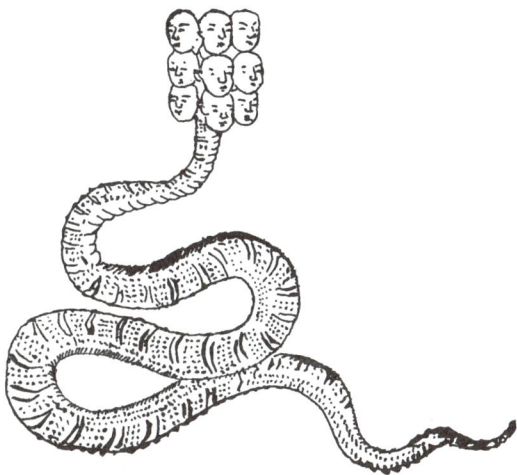

图2-14 相柳，《山海经·海外北经》
（胡本）（曾舒丛/摹）

相柳也叫相繇，是共工的大臣，是九头人面蛇身的怪物。它所到之处，地便陷成溪流沼泽。后来相柳被大禹所杀，它身上的血流到地上，此处土地就五谷不生。大禹试用泥土填塞，但三填三陷，只好把这片土地辟为池子，各方天神在池畔筑起一座高台，镇压妖魔。

49

度中，四条神龙的位置正是对应了春夏秋冬龙星出现的方位，由此可以看出中国上古早期居民在星相与时节变幻中发现了一条隐秘的纽带，而呈现这种纽带的正是神话传说。

与此同时，为了更加便于划分星区及观察宇宙天体，古代先民把大锅盖似的天又分成九部分：中间叫作钧天，东南西北分别叫作苍天、炎天、颢天、玄天，还有东北的变天、东南的阳天、西南的朱天和西北的幽天。就这样，古人通过划分天域的方法识别天体，展开了一段奇妙的想象之旅。

在穹庐似的天空中最为耀眼夺目的就是太阳，传说太阳是天神帝俊的妻子羲和所生。羲和在东海之外的甘水处生下了十个太阳，她非常疼爱自己的孩子，每天都在甘水里帮孩子们洗澡 (图2-15)。十个太阳非常火热，在甘水里活蹦乱跳，使整条河水像烧开了一样，冒着热气。供十个太阳沐浴的甘水因为太阳的温度而沸腾，人们把它叫作"汤谷"。汤谷边有一棵万米高的大树，叫作扶桑，是太阳们沐浴后休息的地方。十个太阳中每天出来一个，轮流巡天。他们从扶桑树出发，乘着停立在树顶的三足乌鸦飞到空中，自东向西横穿天际，给人类带来温暖，黄昏时，又落入西边的禺谷，然后返回汤谷，洗个畅快的澡，又去扶桑树下休息，如此周而复始。

三足乌鸦载着太阳巡天的神话传说还带有早期鸟图腾崇拜的影子，而汉代著作《淮南子》记述的太阳出行，则改成了华丽壮观的车行。太阳的母亲羲和亲自为儿子驾车巡天，所驾的车珠光宝气，拉车的是六条雄武的神龙。古希腊神话中太阳神阿波罗的出行与这类似，只不过拉车的动物换成了四匹口中喷火的骏马。

与太阳运行神话的丰富翔实相比，有关月亮运行的神话要单薄一些。《山海经》记载在西方的大荒野中，天神帝俊的另一个妻子常羲生下了十二个月亮，与羲和一样，她也为自己的孩子沐浴 (图2-16)。至于月亮是如

（左）图2-15 羲和浴日，《山海经·大荒南经》（汪本）（曾舒丛/摹）

羲和在古代神话中最早是天神帝俊的妻子，是生太阳的女神。因语音之变，分化为天帝之妻娥皇、常羲二女神。娥皇又演化为舜妻；常羲则为生月亮的女神，又变为羿妻，最后飞回月宫为嫦娥。羲和由生太阳的女神演化为太阳本身，又成为太阳的驾车者，成为制定历时的人。

（右）图2-16 常羲浴月，《山海经·大荒西经》（汪本）（曾舒丛/摹）

《山海经》中，常羲又被称为"女和月母"，因为常羲生十二月，所以称之为"月母"，而所谓"女和"，是因为她担当着调和阴阳的重任。中国传统历法是阴阳合历，即同时参照太阳和月亮的运行规律制定历法。常羲负责制定阴历月份，并保证根据月亮的运行制定的阴历月份与根据太阳的运行确定的阳历季节相协调，即调和阴阳。

何周行在天上的，《淮南子》里只提到了给他们驾车的女神，叫作望舒，也叫纤阿。

因为典籍只有片段的描述，让我们难以得见月亮神话的全貌，因此知道的人并不多。不过在民间传说中，诸如"天狗食月"这样的故事，却早已是人尽皆知。这个传说应该是佛教从印度传入中国后，依托佛教背景形成的，其中的天狗，是一位名叫"目连"的公子的母亲变的。目连本人信奉佛教，为人善良，但是，目连之母却生性暴戾，她做了三百六十个狗肉馒头充当素馒头拿到寺庙施斋，准备捉弄吃素的和尚。这件事被天帝知道了，非常愤怒，把目连之母打入十八层地狱，变成一只恶狗。目连是个孝子，为救母亲，他深入地狱，用锡杖打开地狱之门（图2-17）。变成恶狗的目连之母逃脱后就去追赶太阳和月亮，想将他们吞吃了，让天上人间变成一片黑暗世界，以此来报复天帝。这只天狗追到太阳，就将太阳一口吞下去；追到月亮，也将月亮一口吞下去。不过她最怕锣鼓和爆竹，听到这些响声，便会

图2-17 目连阎罗王殿救母，宋代壁画

目连救母的故事，最早见于东汉初由印度传入我国的《佛说盂兰盆经》，这个传说故事后来衍生出盂兰盆节、鬼节、亡人节、中元节等。在中国大部分地区，每年农历七月十五祭祖，为亡人烧纸钱、扎纸船、上供果。在福州还有因这个传说而成的特殊节日叫"拗九节"，正月廿九日清早，家家户户都用糯米、红糖，再加上花生、红枣、荸荠、芝麻、桂圆等原料煮成"拗九粥"，用来祭祖或馈赠亲友。

吓得将吞下的太阳、月亮吐了出来。可吐出来之后，天狗仍不甘心，又追赶上去，这样一次又一次就形成了天上的日食和月食。

民间把日食和月食唤作"天狗食日"及"天狗食月"，实际是对天文现象的神话性解释，直到今天，每逢日食、月食，民间还盛行着敲锣击鼓、燃放爆竹来赶跑天狗，好让日月快一点重现的习俗（图2-18）。

民间还有着一则关于星辰的经典传说，就是牛郎织女的故事。主人公牛郎和织女为神话人物，从位于东北变天牛宿的牵牛星和位于北方玄天女宿的织女星的星名衍化而来。以

图2-18 日食，素描

此图是早期来华西方人笔下的中国风俗，描绘在日食发生时，官员摆上香案，两名衙役一个敲锣一个打鼓，正忙于驱赶天狗，拯救发生亏蚀现象的太阳。

西方星座划分方法来看，在深秋的夜晚，天琴座中最亮的那颗就是织女星，天鹰座像扁担一样连成一线的三颗星中间最亮的那颗就是牵牛星。绵亘在牵牛星和织女星中间的就是银河，在中国神话传说中被叫作天河。

织女（图2-19）是天帝的女儿，住在天河的东面，她心灵手巧，能织出薄如云雾的绢纱。而牛郎则是人间的一位放牛郎。织女下凡游玩时，两人邂逅，并许定终身。后来织女为牛郎生下了两个孩子，牛郎用扁担挑来两个箩筐，一个箩筐放一个孩子，这就是中国古人对天鹰座三星相连呈扁担形状的神话解释。

53

　　牛郎和织女在人间私会的事被天宫知道了，王母娘娘大怒，把织女强行带回天上。牛郎眼睁睁看着妻子返回天界，非常伤心。他的老牛年迈将死的时候让牛郎把它的皮披在身上。牛郎安葬完老牛，挑着担子，披上老牛皮，不知不觉飞了起来，直飞向织女，离织女越来越近。眼看他们就要相逢了，可王母娘娘突然赶来，拔下头上的金簪，朝他们中间一划，

图2-19 织女，[清] 吴友如/绘

　　图中描绘的是喜鹊架桥令牛郎织女相会的情形。七夕的故事形成早，流传广，在中国妇孺皆知，唐代一位六岁的儿童林杰曾有诗作："七夕今宵看碧霄，牵牛织女渡河桥；家家乞巧望秋月，穿尽红丝几万条。"足见这则传说在民间的影响力。

霎时间，一条天河波涛滚滚地横在了牛郎和织女之间，再也无法跨越了。

天河两岸的一家人哭得声嘶力竭，催人泪下，服侍王母的仙女、天神都觉得心酸难过。王母见此情此景，也被牛郎、织女的真情打动，便同意让牛郎和孩子们留在天上，每年七月七日，让一家人相会一次。

到了七月七日这天，成群的喜鹊飞来为牛郎织女搭桥，两位有情人终于团聚，"鹊桥"也在中国文化里成为爱情和婚姻的代名词，而七月七日则成了中国的传统节日"七夕节"（图2-20）。这也是献给姑娘们的节日，那天，她们会乞求上天能让自己像织女那样心灵手巧，祈祷自己能有美丽的爱情和美满的婚姻。

图2-20 七夕图，[清] 姚文翰/绘

全画分为上下两部，上部描绘七夕之日天上的牛郎织女鹊桥相会的事，通过缥缈的白云和高耸的阁楼过渡到人间；下部写实，描绘民间女子聚会乞巧，小儿玩耍的乐景。

　　宇宙和大自然本来是独立于人类的客观存在，本身并不具有人类的情感形态，但是，中国早期居民对宇宙和大自然的拟人化处理，使宇宙和大自然离人类更近了，无论是羲和与十日的母子之情，还是牛郎织女的爱情，古人在探索日月运行、星相天文之际，为它们赋予了人类的情感故事，并做出了诗性的解释，这些都充分体现了中国古代先民以人类和人类的活动为中心的人本情怀，以及亲近宇宙和大自然的情感追求。

▍万物有灵神话

从现存的世界各地的神话来看，人类在早期生活中认为自然万物都由专门的神在主宰，其实是用一种拟人化的思维来描绘自然界。古希腊神话的主神宙斯就是雷神，还有狩猎女神阿耳忒弥斯（图2-21）同时也是月亮之神、森林之神；古印度最早的《吠陀经》中火神阿格尼是梵天所生的八个善神中威力最强大的一位；古埃及九柱神中泰芙努特是雨水之神，休是风神。中国神话中同样存在着众多的自然神，他们是万物背后的掌控力量。

《山海经》中记载了一条叫作烛阴的神龙（图2-22），它盘踞在钟山之上，长着人的面容，全身通红，眼睛是上下排列的，下面的一只是本眼，上面的一只叫作阴眼。据说它

图2-21 狩猎女神狄安娜

阿耳忒弥斯即罗马神话中的狄安娜，是宙斯和暗夜女神勒托的女儿。

图2-22　烛龙，《山海经·大荒北经》（蒋本）
（曾舒丛/摹）

烛龙即烛阴，是中国神话里的创世神，也是钟山的山神，其神力能烛照九泉之下。传说它常含一支蜡烛，照在北方幽暗的天门之中，所以人们又叫它"烛阴"，也写作逴龙。烛龙是古人给极光起的别称之一。

身上的油可以制成蜡烛，但没有人尝试过，因为如果被它看上一眼就会变成人头蛇身的怪物。烛阴的两只眼睛，本眼代表太阳，阴眼代表月亮，睁开本眼时普天光明，睁开阴眼时天昏地暗，如果它同时睁开两只眼睛，大地就会被酷热烤焦。

　　北宋类书《太平御览》所引的晋郭璞的《玄中记》，把烛阴的两只眼睛描述成左右排列，左眼为太阳，右眼为月亮，这与古埃及流行的护身符"荷鲁斯之眼" （图2-23）相仿，只不过神灵荷鲁斯的左眼代表月亮，右眼代

图2-23 奥西里斯神头顶埃及之冠，壁画，公元前
14世纪古埃及墓穴

　　图中埃及之冠两侧即荷鲁斯之眼。传说荷鲁
斯在与杀父仇人塞特神的搏斗中，左眼被夺走。月
亮神孔苏出手相助，打败了塞特，将左眼夺回，荷
鲁斯将这只失而复得的眼睛献给了父亲冥神奥西里
斯。后来，荷鲁斯之眼就成为辨别善恶、捍卫健康
与幸福的护身符。

59

表太阳，与烛阴相反。两个神话的相似性反映出人类早期思维中把光源与感知光明的眼睛相互联系的拟人化理解方式。

　　烛阴的眼睛是世界中光的来源，它的呼吸也形成了自然的风，它用力吹气的时候就会带来冬天的冷风萧瑟，而它轻微吐气时就会带来夏天的习习微风，这样，四季的交替就掌握在烛阴的呼吸之中。

　　中国神话传说中另外一位能够制造风的神是飞廉（图2-24），他被描述成鸟头鹿身，头有角而尾似蛇，是秦的祖先。他的形象其实是东部鸟图腾崇拜的秦人在向西部迁移的过程中与鹿图腾崇拜的游牧民族相融合的结果。秦在汉字中的本意是禾苗，历史上秦人则以牧马著称，名实不符的原因就是东部以农耕为主的秦人西迁而成为了半游牧民族。"飞廉"与游牧族常用的阿尔泰语"风"的发音相近，即是民族迁移融合、神名神性相印的力证。

　　与古希腊神话中生来就拥有掌控自然力量的神不同，飞廉对风的掌控是不断学习的结果。他是蚩尤的师弟，在祁山上修炼。在祁山对面有块大石，每遇风雨来时便飞起如燕，等天放晴时，又安伏在原处，飞廉对此很好奇，于是躲在一旁守望。一日夜半，这块大石动了起来，转眼变成一个形同布囊的无足活物，在地上深吸两口气，仰天喷出。顿时，狂风骤发，飞沙走石，这布囊似飞翔的燕子一样，在大风中飞旋。飞廉身手敏捷，一跃而上，将它逮住，这才知道它就是通五运气候、掌八风消息的"风母"。风母的布囊形象，其实是上古早期居民把日常生活中发现的布囊生

（左）图2-24　开明龙与飞廉，西魏壁画，甘肃敦煌莫高窟（千佛洞）285窟东坡北侧

　　壁画居中的是飞廉，呈现鹿的形象，正张开四蹄向前飞奔，身前身后各有一个旋叶花纹，象征风的动感。高速运动的物体总能在周身裹挟一团风，飞廉兼具善走和造风的特点当与此相关。

图2-25 风神雷神图，江户时代，纸本金地墨画，[日] 俵屋宗达/绘，日本京都建仁寺藏

　　画中左边为雷神，右边为拿着风袋的风神，相当于中国神话中的风神飞廉。受中国神话传说影响，日本神话传说中也有用布囊生风来解释自然风形成的神话思维。

风的现象类比天地之间自然风的形成过程 (图2-25)，认为风也是一个天外大布囊鼓吹的结果。

　　飞廉从"风母"处学会了造风、息风的奇术之后，就为他的师兄蚩尤来效力了。在蚩尤战败于涿鹿后，飞廉也被黄帝降伏，做了掌管风的神灵。每当天帝（即黄帝）出巡，总是雷神开路，雨师洒水，风神飞廉扫地。然而，在《古史篑记》中记载的却是飞廉被擒后斩首的悲惨结局，而且这种结局能够在保存至今的鹿石上找到印证。

　　鹿石分布很广，从我国内蒙古呼伦贝尔横跨蒙古高原、俄罗斯图瓦和南西伯利亚，到我国新疆的阿勒泰地区都有鹿石。这是一种长形的石碑，上面刻有鹿纹，所刻画的鹿嘴巴是鸟喙状的，即是飞廉的形象。有一些石碑上的鹿画，常常出现有首无身、有身无首这种身首异处的奇怪景象，正是对涿鹿之战后飞廉被黄帝斩首这一神话事件的摹刻。

黄帝战胜了蚩尤后，加封百官，其中有一个管理火的能手，叫作黎的神被封为祝融，他就是中国神话传说中的火神。祝是永远，融是光明，祝融这个名字，就表示着希望他永远给人间带来光明的美好愿望。在《山海经》中，祝融的形象是一个脚踩两条火龙（也有传说身骑火龙）的神，周身包裹着烈烈火焰（图2-26）。他改进了燧人氏钻木取火的方法，通过刮擦两块取火石，用迸出的火星点燃干芦花的方法取得了火。这在早期人类生活中是一个跨时代的创造，人们不用花很大工夫去钻木取火，也用不着千方百计保存脆弱的火种了。

黄帝非常器重祝融，让他管理南方的部族，祝融改进了南方房屋的结

图2-26 祝融，《山海经·海外南经》（蒋本）（曾舒丛/摹）

祝融，中国上古神话人物，号赤帝，后人尊为火神。祝融部落后来分为己、斟、彭、妘、曹、芈六部落，后己又分出董、彭又分出秃，史称祝融八姓。其中芈姓为春秋时楚国祖先的族姓。

图2-27 夔，《山海经·大荒东经》（蒋本）（曾舒丛/摹）

　　夔是独脚的奇兽，样子像牛，无角，出入水时会有风雨雷鸣，还有光芒。也有古籍中形容夔是龙状怪物，如《说文解字》："夔，神魅也，如龙一足。"在商晚期和西周时期青铜器的装饰上，夔龙纹是主要纹饰之一，形象多为张口、卷尾、一足的长条形。

构，把火移到屋内使用，冬天可以驱寒，夏天可以驱赶蚊虫。人们非常爱戴他，尊他为赤帝，在南岳衡山上至今还有供奉祝融的赤帝庙。

　　我们可以看到身为赤帝的祝融其实是由一位英雄升格而成的，与古希腊、印度神话中推崇自然之火的本源掌控神不同，中国神话传说中的火神只是火的利用者，上古早期居民在朴素的生活中更注重对人类文明之火的掌控神的崇拜。

　　除了祝融外，还有一个雷兽夔在涿鹿之战中帮助黄帝提高了声威。夔长得像牛，但没有角，只有一条腿，它发出的声音像打雷，千里之外的地方都能听到（图2-27）。黄帝得到了它，把它的皮做成鼓面，用它的胫骨敲打，发出震天的雷声，壮大了军势。除了雷兽，中国神话传说中还有住在雷泽的雷神（图2-28）与住在天上的雷公。雷神人首龙身，拍打自己的腹部就能打雷。雷公则是力士的形象，具有鸟的喙、翅膀和脚爪，左手拿着鼓，右手拿着槌，鼓槌相击则打下雷来。对比古希腊神话中把雷神宙斯作为奥林匹斯山上地位最高的神，中国神话传说中的雷神多为中央天帝黄帝的属神，他们的事迹也都不甚详细。在明许仲琳的演义小说《封神榜》中以鸟形的雷公为原型塑造了雷震子的形象，并赋予了雷震子一番奇异的经历。

中国神话传说中的烛阴、飞廉以及雷神都是以兽的形象出现，再加上祝融脚踩二龙的形象，里面都包含着上古早期居民图腾崇拜的影子和拟人化的思维，他们把自然力投射到某一种动物身上，拟予它们神性与掌控自然的神力，寄托着古人对于既能改善生活也能摧毁家园的强大自然力的敬畏与崇拜。

图2-28 雷神，《山海经·海内东经》（蒋本）（曾舒丛/摹）

雷神是古老的自然神，人首龙身，此图描绘的雷神兼具了一些雷公的特点，尤其是头部变成了鸟首的形象，应该是雷神形象在仙化过程中的产物。

65

文明的童年

中国神话传说

3

善与美的遐想
——人类起源和创造发明神话

█ 人本主义与人类起源的神话

人类在关注宇宙与自然的同时，对人自身的生命现象也有着强烈的探究心理。人到底是从哪儿来的？第一个人是如何产生的？上古早期居民们对此充满了无穷幻想。中国神话传说中有两个广为流传的人类起源故事，一是女娲 [图3-1] 团土造人，另一个是女娲与伏羲兄妹繁衍人类。伏羲在中国古代历史上是公认的人文始祖，他创造了八卦，被后代认为是"人文之元"，是中国古代文明从"结绳而治"转向书契文明的标志性的事件。以八卦为基础的《易》文化，更是成为中国文化的渊薮。但是，在南方苗

图3-1 女娲，《山海经·大荒西经》〔蒋本〕〔曾舒丛/摹〕

女娲，中国最古老的始祖女神，人首蛇身，为伏羲之妹，风姓。这幅画中的女娲，人的特征只在头部显现，主体是蛇身，较后世的人身蛇尾的女娲更为原始，从中不难看出神话人物形象从自然动植物元素居多渐变为人类元素居多的过程。

67

族居住区，却把伏羲当作始祖神，从而衍生出了伏羲与女娲兄妹结婚生育人类的传说。中国人有关人类起源的观念直接与这两大神话人物有关。

女娲是我国神话传说中的第一位女性领袖，比炎黄二帝的出现更早，也是相传功勋卓著的第一位女神。传说天地刚刚开辟的时候，没有人类，地上一片荒芜。女娲行走在莽莽的原野上，看看周围的景象，感到非常孤独。她觉得在这天地之间，应该添一点什么东西进去，让它生气蓬勃才好。于是她想到了造人，她从地上掘起黄土，掺和了水，团成黄泥，再仿照自己把黄泥捏成人，并赋予它们生命。女娲觉得一个一个造人非常辛

图3-2 创世记·亚当的创造，[意] 波那洛提·米开朗琪罗/绘，梵蒂冈美术馆藏

中西方神话中人类都是神用泥土创造的。据《圣经·创世记》记载，耶和华神用地上的尘土造人，将生气吹进他的鼻孔里，他就成了有灵的活人，名叫亚当。画中，亚当全身裸体，躺在左边的陆地上，一手伸向大神。神与人用手指像接电似的相互交流。

苦，于是她想了一个简便方法，就是把黄泥拌成泥浆，用绳子浸泡在泥浆里，再用力甩出泥绳，泥浆溅落在大地上，就立即变成了人。这方法造人方便轻松多了，而且速度惊人。不长时间大地上就出现了成千上万的人。但这种批量生产的人远没有用泥团一个一个捏成的人高贵，所以人有高低贵贱之分。

女娲是用黄土造的人，所以中国人都是黄皮肤。而人之所以有贫富贵贱之别是因为女娲造人方法的不同，这显然是人类有了阶级分化之后才有的、多少带点宿命论的观点，应该属于后起的观念。人类来源于泥土，最终仍要回归泥土，也包含了人类对死亡的看法。

抟土造人的神话故事广泛地分布于世界各地。在古希腊神话中，普罗米修斯用河水和泥，依照神的模样造成人；古希伯来神话中，耶和华用大地上的尘土造了亚当（图3-2）。略有不同的是，中国的女娲是女性神，而西方的造人者多为男性神。这反映了中国上古早期居民的神话思维主要是从女性生育的现实出发，与现实生活结合得更为紧密。

女娲造人神话大概是母系氏族社会遗留下来的故事。在母系氏族社会里，人们只知其母不知其父，女性的生殖能力受到崇拜，女性的地位远远高于男性。母系氏族社会之后才有以男性为尊的父系氏族社会出现。因此神话中最早出现的大神一般都是女神，之后才出现男性大神并且其地位逐渐超越女性大神。从这一角度而言，中国的女娲造人神话产生的时间可能要早于西方男性神造人的神话。

早期记载女娲故事的典籍是战国或秦汉时代的论著，主要有《楚辞·天问》《礼记·明堂位》和《山海经·大荒西经》。在这些典籍中，我们看到女娲有至高无上的神力和地位，被誉为人类共同的母亲，然而其地位最终也不可避免地受到男性大神的挑战。其中，伏羲（图3-3）是对女娲最具冲击力的男性大神。在人类起源的神话中，伏羲逐渐分占了创造人类

69

图3-3 太昊伏羲氏像，山东省博物馆山东历史文化展展品（俄国庆/摄）

伏羲被尊为中华民族的人文初祖之一。传说他创造了八卦，为人文之始；又结绳为网，教人渔猎；还发明了瑟，创作有《驾辨》的曲子。伏羲与女娲兄妹结婚繁衍人类的神话属于后起，应是父系氏族文明对母系氏族文明冲击的结果。

（右）图3-4 伏羲创八卦，《瑞世良英》卷一《君鉴》

伏羲用"—"代表阳，用"--"代表阴，三个这样的符号，排列组合成八种形式，分别叫作乾、坤、巽、兑、艮、震、离、坎卦。每一卦形代表不同的事物，八卦互相搭配又得到六十四卦，用来象征各种自然现象和人事现象。以八卦为基础的《易经》在中国古代被当成群经之首，在中国文化史上占有极为重要的地位。

伏羲生而聖明德合天地代燧人氏以木德王天下
推五德之運光理萬物明如日月陰陽合靜鬼神不
擾四時得節萬物不傷羣生不夭雖有詭智無所用
之此之謂至德

君鑑

姚刻

的一半功劳。最开始造人本是女娲一神之力，后来就演变成了伏羲、女娲兄妹结婚共同繁衍人类。

兄妹婚配其实也是一个世界性神话母题，在世界各地的神话中都很常见。比如古希腊神话里的宙斯和赫拉、古希伯来神话里的亚当和夏娃、古埃及神话里的奥西里斯与伊西斯、日本神话中天照大神伊奘诺尊与伊奘冉尊等都是兄妹婚配。就中国而言，兄妹婚配的神话不仅数量众多，而且分布也相当广泛，除了汉族外还有许多少数民族也有与此相似的神话故事。

兄妹婚配神话是上古早期居民对血缘婚姻的朦胧追忆。但由于理性意识的增强，人们对亲兄妹的血缘婚姻存在着较强的抵触情绪，于是伏羲女娲兄妹婚配神话就有了较多的客观环境的设定，目的是为兄妹婚配找借口开脱。说是宇宙初始，天地间还没有人类，只有伏羲和女娲兄妹俩，为了人类的繁衍，两人才不得不成婚，并且还安排了他们是在得到上天的旨意后才甘愿结为夫妇的情节。这样一来，兄妹成婚也就情有可原，从不道德变成了为繁衍人类而不得不做出的壮举，符合后人的伦理要求。

中国古代历史体系中，有一个"三皇"的概念，关于"三皇"的人物构成，历来有不同的说法，但是，女娲、伏羲、神农，是众多说法中影响比较大的一种组合，因此，女娲和伏羲在中国神话中具有崇高的地位 (图3-4)。

中国神话中有关人类起源的两个故事都与女娲有关，女娲在中国神话中是当之无愧的人类始祖，她的形象与品质是中华文明初期母系社会中母亲群体形象与品质的提纯，女娲与人类起源的紧密联系则表达着上古早期居民对母爱的集体记忆与感怀。

据说，有了人类之后，为了能让人类生生不息，女娲还使青年男女相互婚配，繁衍后代，因此被尊为婚姻女神。在古希腊神话中，神共造过四代人，一代人死后再重新造出一代。而中国神话中神只造了一代人，无需再造下一代，就是因为女娲为人类建立了婚姻制度，从此人类可以自我繁衍。这其实也反映出了中西文明的不同发展路径：西方文明的发展往往是一个文明取代另一个文明，而中国文明却从古至今从未断绝，一脉相承、生生不息。

女娲被后人尊称为女娲娘娘，受到后人的顶礼膜拜（图3-5）。在古代，每逢春天，人们在郊外的禖宫举行盛会，禖是古代求子的祭祀，禖宫是举行求子祭祀的地方，因此，在这里青年男女可以纵情欢乐，自由选择爱人，成婚夫妇也前来祈求女娲赐子送福。如今，中国民间仍存在一些祭祀女娲的活动。

图3-5 娲皇宫娲皇阁，河北涉县（聂鸣/摄）

娲皇宫始建于北齐，是中国最大、最早的奉祀上古天神女娲氏的古代建筑。娲皇阁共为三层，坐东面西，为娲皇宫主体建筑，古有"倚崖凿险，杰构凌虚"之称。类似的纪念女娲的建筑遍布中国各地。

73

▎天人结合与部族起源的传说

人类被创造以后，散居于中华大地上，形成了许多部族。各部族都有各自的始祖神话传说。部族起源神话是中国上古史料的主要来源。而中国的上古史大多是天人合一的神人相杂的历史，是历史与神话传说的融合。部族起源神话正体现了中国人的天人结合的历史发展观。在这些部族起源神话里，部族始祖都被神化，多是天人相感而生，出生奇异，属人神结合体。神人结合的始祖神话体现出了各部族对祖先的崇拜。

夏部族的始祖神话主要与著名的鲧禹治水神话有关。禹是夏朝的实际

图3-6 大禹降生，雕塑，湖北武汉大禹神话园（封小莉/摄）

鲧死后尸身三年不腐，天帝怕他死而复生，派天神剖开鲧腹，神形为虬龙的禹乘机蹦出，一飞冲天。龙在中国文化中是力量、权势与威严的象征，禹为虬龙所化，代表着禹地位非同一般。

图3-7 变熊惊妻，雕塑，湖北武汉大禹神话园（封小莉/摄）

为了避免每天给自己送饭的妻子涂山氏看到自己变成熊的模样，大禹在山下放了一面鼓，并与妻子约定，听到鼓声再来送饭。可一次大禹变成熊挖山破石时，有石块滚下山坡击响了鼓，涂山氏闻到鼓声而来，发现自己的丈夫原来是一只大熊，吓得变成了石头。

建立者，但作为夏部族，早在禹之前就存在。关于禹与其子启的诞生极具神话色彩。传说禹的父亲鲧治水失败后，被天帝杀死，尸体三年不腐，最终从鲧的肚子里飞出一条龙，这条龙就是鲧的儿子禹（图3-6）。

禹继承父亲鲧的事业，继续治理洪水。在治水中，禹常化作一只大熊掘土开山，一次被妻子涂山氏撞上了，涂山氏看到自己的丈夫是一只大熊，吓得变成了石头。涂山氏变成石头时已有身孕，禹向已变成石头的涂山氏大喊："还我儿子！"石头从北边启开，蹦出了一个男孩，这个男孩就是启（图3-7）。

75

图3-8　夏启出行图，《山海经·海外西经》（蒋本）（曾舒丛/摹）

　　禹死后，启攻杀禹选定的继承人伯益，自己继承王位，从此，王位继承由"禅让制"变成了"世袭制"。孟子认为，启得天下是民心所归，禹死后，天下人只认可作为先君之子的启而不认可伯益。

　　禹在治水过程中时常变成大熊，这可能与夏部族的图腾有关。随着文明的进步，原始的图腾崇拜只能隐约地闪现于神话之中。禹由鲧尸化而生，只知其父，不知其母，启虽知其父亦知其母，但是启仍是裂石而出，尸化与石生只是民族童年时期对生育的多种神话解释中的两种。这些奇幻想法一直影响到后世，如《西游记》里从石头中蹦出的神猴孙悟空就是石生的又一典型。

　　夏部族的始祖由于有治水的大功而逐渐在各部族中树立起威信，并最终成为天下共主，建立了中国历史上第一个王朝——夏，从此开始了所谓的"家天下"的历史。启就是夏朝的第一任君王(图3-8)。

商本是夏王朝统治下的一个部族，后来商汤革命，推翻了夏朝最后一位君王桀的残暴统治，建立了商朝。实际上，商部族的起源并不比夏部族晚。商部族处于东边，以鸟作为部族的图腾，所以其部族始祖的诞生与鸟有关。

商的始祖是契(图3-9)，契的母亲叫简狄。一天，简狄和妹妹在一个高台上用餐，一只燕子飞了过来，啾啾直叫，引得简狄与妹妹拿玉筐去逮。姐妹俩好不容易把燕子扣在玉筐下，掀起筐来看时，燕子却趁机逃走了。简狄发现玉筐里面留有两颗燕卵，她非常惊喜，吃了一颗下肚，立即觉得有一股暖流直入体内，于是有了身孕，后来生下了一个男孩，名字就叫契。而那只燕子其实是天神派来的。

在人类文明的初期，人出生后成活十分艰难，人口成为最大的财富。简狄吞燕卵而生契反映了商部族对鸟类卵生的崇拜。

周是居住在西边的另一个古老部族，其始祖后稷的诞生也同样体现出天人合一的特点。传说后稷的母亲姜嫄，是有邰氏之女，帝喾的妻子。一天在野外玩耍，在一片湿地上偶然发现有一个巨大的脚印。姜嫄既感惊异，又觉得好玩，便用自己的脚踏进巨人的足迹里。谁知她刚刚踏进巨人足迹大拇指的地方，就感到身体里有种震动。回家不久，姜嫄就怀孕了，

图3-9 契（曾舒丛/摹）

契为殷商始祖，曾协助禹治水，治好水后，赐任司徒之职（主要掌管教育的官），并被封于商（今陕西商洛），开启了后来殷商王朝的基业

77

图3-10 后稷图，清代《钦定书经图说》插图

后稷为其母姜嫄不婚而生，被视为不祥而遭弃于隘巷，但马牛从他旁边经过都不踩他。其母把他置于林中，恰逢山林中人多，又没丢成。其母又把他弃于冰上，飞鸟以翅膀为他取暖。姜嫄以为这是神的指示，于是养大了他。因为最初想要抛弃他，所以给他取名叫"弃"。

后来就生下了后稷。这个巨大脚印就是天帝留下的 _(图3-10)。

后稷与契的出生有其相似性，都与天神有关联。商部族始祖契是其母吞食了天神派来的燕子所遗之卵而生，而后稷则是姜嫄履天帝脚印有感而生的。所以契和后稷都理所当然地与天神联系在了一起，上古早期居民对祖先的崇拜的一个重要表现就是将神与祖先相结合，使祖先神化。

中国上古社会没有形成宗教文化，因此，在中国文化中，祖先崇拜在某种程度上有了宗教意义。祭祖自古至今都是中国人最为隆重的活动之

图3-11　诞生日，[法] 菲利
普·德·尚帕涅/绘，法国里尔美术
博物馆藏

　　画中描绘圣母玛利亚因感孕而
生下耶稣的情景。玛利亚是木匠约
瑟的妻子。据《圣经》记载，圣母
生耶稣前，她和约瑟从未同房，是
受上帝的旨意而怀孕生下耶稣，耶
稣即是上帝之子。

一。在古代中国，祭祀与战争是国家最重要的两件大事。祖先与天虽分为二，可两者却有精神上的一致性，尤其是家天下之后的王室祖先，都被认为是天意的代表，祖先"以德配天"而"方有天下"，后世子孙尊崇祖先就是遵奉天意。

《诗经》中的"三颂"就是商、周以及鲁国祭祀祖先时的宗庙音乐。在这些诗歌中，部族子孙将自己祖先的功绩与部族的历史反复吟唱，以表对祖先的崇敬与追念，商部族与周部族的始祖神话就是在祖先祭祀过程中产生的。

契与后稷的出生神话其实只是众多感生神话中的两个，中国神话传说中还存在许多类似的族源神话。比如秦部族的始祖神话与商部族的如出一辙，秦的始祖也是由其母吞燕卵而生。感生神话不仅是各部族对自身起源的一种解释，同时也成为后世神化某些特殊人物的重要工具。感生神话在西方神话中也可以找到，最为有名的如《基督耶稣的诞生》就是明显的感生神话，圣母玛利亚因感受到上帝的旨意而怀孕生下耶稣（图3-11）。

部族起源神话是各部族对自身历史的一种推源，主要讲述本部族始祖的来历、社会组织的起源以及谱系等内容，反映了部族成员对祖先的追念，表现出了对本民族的自豪感。同时，部族始祖神话中祖先崇拜的对象一般都是男性祖先，各部族的始祖也一般只追认男性始祖。这表明，祖先崇拜可能是进入父系社会之后才普遍出现的。已故的祖先在中国文化中占着重要的地位，祖先留下的经验与法则是后人行动的重要依据，崇拜祖先的一个必然结果就是尊重过去、尊重传统，因而中国文化总是在立足过去、继承传统的基础上开创未来。

▍民族向心力与氏族战争的神话

    中国是一个多民族国家，中国历史是民族融合的历史，中国文化是各民族在不断融合中共同创造的，氏族战争是民族融合的推动力。中华民族的早期民族融合在中国神话传说中有明显的反映，中国古代的战争神话就是在民族融合的进程中产生的。

    战争是民族融合与发展中的重要事件，世界各地都有反映战争的神话，涌现出许多记载战争神话的经典史诗。如古希腊的《荷马史诗·伊利亚特》、古巴比伦的《吉尔伽美什》、古印度的《摩诃婆罗多》和《罗摩衍那》、西班牙的《熙德之歌》等等。在中国，记载战争神话的史诗主要产生于少数民族之中。汉民族的早期氏族战争神话大多只是零散保存在《山海经》《淮南子》等典籍中，并未能形成大规模的战争英雄史诗。如黄帝与炎帝的争战、黄帝与蚩尤的争战等神话故事并没有西方的战争神话那么完整，但却表现出了不同的氏族融合之道。

    在上古时期的华夏中原大地上，曾回荡过上古早期居民群雄逐鹿的疾呼呐喊，广袤的山川平野上留下过他们征战的足迹。神农炎帝（图3-12）、轩

图3-12 神农炎帝像

　　炎帝传说是上古时期姜姓氏族的首领,又
称赤帝。炎帝以火德王,故号炎帝。炎帝少而
聪颖,三天能说话,五天能走路,三年知稼穑
之事。因发明农艺,而被奉为主农艺之神,称
为神农。炎帝氏族被黄帝氏族打败后,炎黄融
合,同为中华民族的始祖。

图3-13 轩辕黄帝像

　　轩辕黄帝本姓公孙,长居姬水,因改姓姬,
居轩辕之丘,故号轩辕氏。出生、创业和建都于
有熊,故亦称有熊氏。因有土德之瑞,故号黄
帝。黄帝是中国远古时期的氏族首领,他通过与
其他氏族的战争实现了中原的初步统一,促进了
中华民族的融合。

辕黄帝（图3-13）、九黎蚩尤以及共工、颛顼等氏族首领都可能是战争中的领
袖与英雄。各氏族经过长期的纷争、融合,在中华大地上主要形成了黄
帝、炎帝、蚩尤为首领的三大氏族集团。

　　传说黄帝是远古时代的氏族首领少典与其妻子有蟜氏所生,生而能说
话,长大后异常聪明。还有一种说法是,一位名叫附宝的姑娘半夜在野外
受到闪电的感应,怀孕二十五个月后生下了黄帝。他一开始在西方的姬水
（今陕西省渭河流域一带）附近居住,后来定居于涿鹿,也就是现在的河
北省涿鹿、怀来一带。而炎帝则传说是少典的妃子女登受一条神龙的感应

而怀孕生下的，生下时，炎帝牛头人身，身边大地自动出现九口水井。西方姜水（今陕西宝鸡）附近最初就是炎帝的属地。

九黎族是一个十分强悍的氏族，他们的首领蚩尤，牛头人身，头上的角锋利无比，无坚不摧，耳朵上的毛发都像刀锋一样，生性残暴好战。据说他有八十一个强大无比的兄弟，都是兽身人头，铜头铁额，把沙石当饭吃。他们善于制造各种精锐的兵器，这使得他们在战争中屡屡得胜。

这三大氏族不可避免地发生了激烈的争战，首先是炎帝氏族受到强悍的蚩尤氏族的侵犯，炎帝氏族不敌，被逐出九隅。也有人怀疑"九隅"就是"九州"，炎帝氏族与蚩尤氏族是最早进入中部黄河流域的氏族，后来才有黄帝氏族的到来。

炎帝氏族在九隅之战后又与黄帝氏族交锋，这就是著名的阪泉之战。据说炎帝擅长火攻，在黄帝没有防范的情况下，先发制人，率兵以火围攻，使得黄帝所在的轩辕城外经常浓烟滚滚，遮天蔽日。黄帝派应龙带人用水熄灭火焰。之后，黄帝率领熊、罴、貔、貅、䝙、虎在阪泉之野（今山西或河北境内）与炎帝摆开战场。黄帝还号令雄鹰、老雕从空中向炎帝部队发起进攻。黄帝嘱咐手下只和炎帝斗智斗勇，不伤其性命。经过三次交锋，黄帝彻底战胜炎帝。从此黄帝与炎帝两大氏族联盟，逐渐融合成了以炎黄氏族为主的华夏民族（图3-14）。

联盟后，炎黄氏族还时刻面临着蚩尤所领导的氏族集团的侵犯。最终，两者之间进行了一场大规模的战争。蚩尤氏族十分强大，又拥有先进的冶炼技术，善制兵器，在战争初期占尽优势。传说蚩尤发动他的八十一个兄弟向黄帝发起进攻，又怂恿魑魅魍魉等鬼怪以及南方的苗民前来助阵。黄帝率领应龙、风后以及熊、罴、狼、豹、雕、龙、鸮等迎战蚩尤。双方在涿鹿展开了激战。蚩尤能呼风唤雨、吹烟吐雾，又请来风神、雨师兴风作雨。黄帝这边的部队起初被打得落花流水，蚩尤取得了九战九捷的

图3-14 炎黄二帝塑像及摩崖《炎黄赋》，河南郑州邙山风景区（聂鸣/摄）

炎黄二帝被视为中华民族的始祖，中华民族也自称是"炎黄子孙"。黄帝族与炎帝族在历史上真实存在过，他们经阪泉之战而融合，形成了华族，汉以后称为汉族，因为历史久远他们的故事被神话化，炎黄二帝也成为神话人物。

战绩。后来黄帝的部下发明了指南车，指引部队成功地冲出了蚩尤的迷雾阵，又吹响了牛角军号，吓散了蚩尤部下的那些鬼怪。黄帝还请来女儿魃 _{（图3-15）}，魃的秃头能发出炽热的光芒，顿时驱散了狂风暴雨。最后黄帝擂响了用夔皮制成的战鼓，鼓声震天动地，黄帝部队士气高涨，而蚩尤一方被惊得魂飞魄散，四处逃窜。黄帝见机，派应龙活捉了蚩尤，后将他杀死在涿鹿 _{（图3-16）}，取得了最终的胜利。

我们从以上黄帝战蚩尤的神话中，可以隐约地看出最早的部族融合的情形。蚩尤的八十一个兄弟，应该是指臣属于蚩尤的八十一个氏族。而黄帝所率的熊、罴、狼、豹、雕、龙、鹗也应该是以这些动物为图腾的氏

图3-15 魃，《山海经·大荒北经》（汪本）（曾舒丛/摹）

据《山海经·大荒北经》记载，魃身着青衣，是黄帝之女。蚩尤起兵侵伐黄帝，黄帝令应龙在冀州之野迎战蚩尤。蚩尤请来风神雨师，大纵风雨，黄帝部队严重受挫。于是黄帝从天上请来魃，帮助驱散风雨，最终战胜蚩尤。可魃从此不再回到天上，只要是她所居住的地方就不会下雨，也造成了很多旱灾。

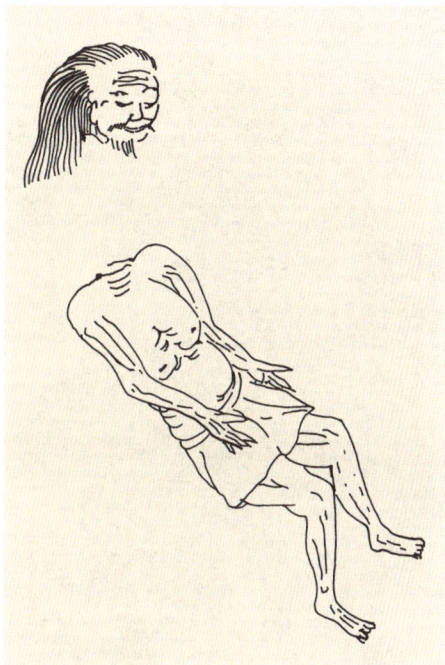

图3-16 被黄帝斩首后的蚩尤，《山海经·大荒北经》（汪本）（曾舒丛/摹）

传说蚩尤刀枪不入，善于使用刀、斧、戈作战，勇猛无比。蚩尤被黄帝所杀，帝斩其首葬之，首级化为血枫林。后黄帝尊蚩尤为战争之神，并把他的形象画在军旗上。

族。战胜蚩尤后，黄帝乘胜东进，一直进抵泰山附近，在那里举行"封泰山"仪式后方才凯旋西归。同时在东夷氏族中选择了一位能服众的氏族首长继续统领九夷部众，从此东夷氏族逐渐并入华夏民族。

古希腊神话中的特洛伊战争，历经十年，规模庞大，然而战争的直接原因却十分浪漫，竟是为了争夺一位绝色美女海伦，而最初的起因更加不

图3-17 帕里斯的审判，[德] 鲁卡斯·克尔阿
那赫/绘

　　画中两个穿着甲胄的骑士是特洛伊王子帕
里斯和神的使者墨丘利，身旁站着三位女神。
这三位女神是赫拉、雅典娜、阿佛洛狄忒，因
帕里斯把写有"给最美女神"的金苹果判交给
了阿佛洛狄忒而得罪了其他两位女神，招致她
们对特洛伊人的报复。

可思议，竟是三位女神为比美而争风吃醋（图3-17），从而对人间滥施报复。整个战争的起因与结果最终取决于神的操纵，归根到底是神祇们的私欲带给人类的一场深重灾难。相对而言，中国神话传说中对战争的态度是严肃认真的，都是寓之以义，战之有道。黄帝战炎帝是因为炎帝与黄帝的统治之道不同，而战蚩尤则是因为蚩尤残暴无道。战争中的神其实是氏族首领的神化。以黄帝为代表的中国古代英雄神，他们人兽结合的外表体现了上古早期居民对强大的动物身体力量的崇拜。而在他们人兽结合的身体下，同时还蕴含着深切的人文关怀，通过拯救人类，赢得了人民的崇敬，相比较而言以宙斯为代表的拥有俊美健壮人身的西方神话人物，追求的只是个人的声色之乐。

▎ 追求文明与创造发明的神话

在中华文明的发展进程中，出现过无数的创造发明。这些创造发明是上古早期居民们的智慧结晶，改善了人们的生活，推动了文明的进步。人们对这些给生活带来便利的创造发明同样十分崇拜，把它们的产生过程不自觉地加以神化，将许多集体的创造发明与神话人物联系起来，产生了很多创造发明神话和文化英雄人物。与西方神话中天神创造一切相比，中国的创造发明神话传说更强调人的主观能动性，重视生活实践，大多体现的还是人的智慧。

火的使用使人们可以烧烤食物、取暖保温、照明以及防卫，改变了人类的饮食结构和生活习惯，大大地推进了人类的文明进程。人类认识到了火的重要性，对火产生了某种神秘的崇拜，认为"此物只应天上有"，于是就有了古希腊神话中普罗米修斯从天上盗取火种赠送给人类的故事。在中国神话传说中关于火的发明流传最广的故事是燧人氏钻木取火的传说（图3-18）。

据东晋王嘉的《拾遗记》记载，在遥远的西方，有一个地方叫遂明国。这地方没有日月光辉的照耀，人们分不清白天与黑夜。那人们怎么照

图3-18 燧人氏钻木取火，清末《启蒙画报》插画
　　燧人氏钻木取火，并把这种方法教给人类，人类
从此学会了人工取火，进入了一个新的文明阶段　关
于燧人氏取火，河南商丘有一种不同的说法：燧人氏
在山林中捕食野兽，见击打野兽的石块与山石相碰时
有火花产生。燧人氏受其启发，就以石击石，用产生
的火花生出火来。

明呢？原来，这里有一棵大树，名字叫遂木。遂木极大无比，树冠大得可
以罩住一万顷的土地。遂木上有许多大鸟，它们用嘴啄击树干，就能够发
出耀眼的火光，人们就靠这些光亮照明。一位贤人游经此地，看到大鸟啄
树发光，受到启发，用硬物钻遂木的枝干，也钻出了火焰。后来，他把这

钻木取火的方法带回中国，教给人们。为了纪念他的功绩，大家尊称他为燧人氏。

古希腊神话中，火种来自天上，普罗米修斯同情人类，从太阳车的火焰车轮上盗取火种送给人类。而在中国的钻木取火传说中，火种就产生在人间，是圣人在生活中运用智慧的结果。普罗米修斯盗火种的神话体现的是神的恩赐，而燧人氏钻木取火的传说体现的却是中华先民们改善生活的智慧。

文字的发明同样是人类文明史上的大事。可以说有了文字的出现，人类才真正进入了文明社会。中国神话传说中有一则广为流传的仓颉造字的神奇故事。

相传仓颉是黄帝的史官，他的长相十分奇特，脸像龙，长有四只眼睛，且每只眼睛都放射光芒（图3-19）。他通过观察星辰、大地、山川，研究乌龟背上的纹路与鸟兽的足迹，最终创造了文字，以至于天神为之震惊，鬼怪为之惊惶。这则"惊天地，泣鬼神"的故事，实际上代表着人类理性精神的崛起，表示知识对愚昧的破除。人类从此有了自己的文化自觉，不再受鬼神的支配。

文字（图3-20）其实是人们在漫长的历史发展过程中不断总结、不断积累而逐渐形成的，是民众集体智慧的结晶。历史上应该出现过对各

图3-19 仓颉（曾舒丛/摹）

仓颉是中国原始象形文字的创造者，传说他仰观天象，俯察万物，首创了"鸟迹书"震惊尘寰。在人们看来，有如此伟绩的人物长相自然非同一般，才智也无与伦比。仓颉头上的四只眼睛闪烁的其实是照亮人类理性的智慧之光。

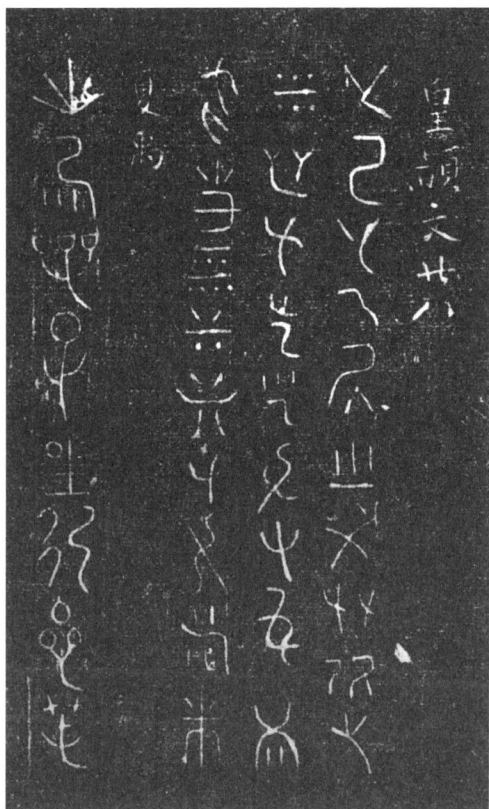

图3-20 仓颉造字书法碑帖，河南汝州（聂鸣/摄）

　　建于汉代的仓颉庙内有一块《仓圣鸟迹书碑》，黑石上刻着二十八个古怪的符号，相传就是仓颉当年所造象形文字的本形。宋代人将其破译为："戊己甲乙，居首共友，所止列世，式气光名，左互×家，受赤水尊，戈矛釜芾。"

种文字进行集中整理、统一规范的人，仓颉可能就是这样的人物。人们为了纪念仓颉，世世代代在谷雨时节对他进行祭祀。

　　房屋的发明同样对人类的文明进程有着重要的意义。在中国神话传说中，房屋的发明也被归于圣人。据说最早的人类跟动物一样，住在天然的洞穴里，与野兽争夺生存空间。后来有一位圣人叫作有巢氏，观察到鸟类结巢的现象后，受到启发，模仿鸟类的习惯在树上筑成鸟巢模样的住所供人类栖居。从此，人类开始像鸟类一样居住在大树上，从而避开了野兽的侵袭与地面湿气对身体的伤害（图3-21）。树巢比之于洞穴有了进步，但在树

91

图3-21 远古时代巢居的人们，清代绘画

    有巢氏是原始巢居的发明者。据《韩非子·五蠹》载，上古时期，地面上的人很少，但禽兽众多，人们不胜其害。后来出现了一位圣人，带领人们在树上建巢而居，从而避免了禽兽虫蛇之害。人们过上了较为安全的生活，对这位圣人十分尊重，并尊他为王，称"有巢氏"。

上生活存在许多不便。后来，黄帝又发明了在地面上建筑的房屋。

    值得注意的是，在中国神话传说中，黄帝及其下属包揽了大部分的发明创造。黄帝又号"轩辕氏"，是因为他发明了车子，其下属风后在这个基础上又发明了指南车 _[图3-22]，帮助黄帝在战争中取胜。黄帝还发明过煮饭用的锅和捕捉野兽的陷阱。黄帝的臣子雍父则发明了用来给谷类脱壳的杵臼，伯余发明了可以御寒保暖的服装。黄帝的妻子嫘祖则发明了养蚕，促进了丝织业的发展。

除黄帝外，炎帝也拥有许多创造发明。炎帝是中华民族除黄帝外最重要的文明始祖，有关他的最重要的创造发明神话就是创造农业。自此人类开始了农耕，大大地推进了文明的发展，所以炎帝也被尊称为"神农"，与人祖女娲、伏羲并列为"三皇"。炎帝还发明了冶炼技术，发明了斧

图3-22 古代指南车，模型

指南车上立着一个直伸手指的小木人，不论车子转向何方，木人的手始终指向南方。相传指南车为黄帝的大臣风后所发明，其作用与后来的指南针相似。

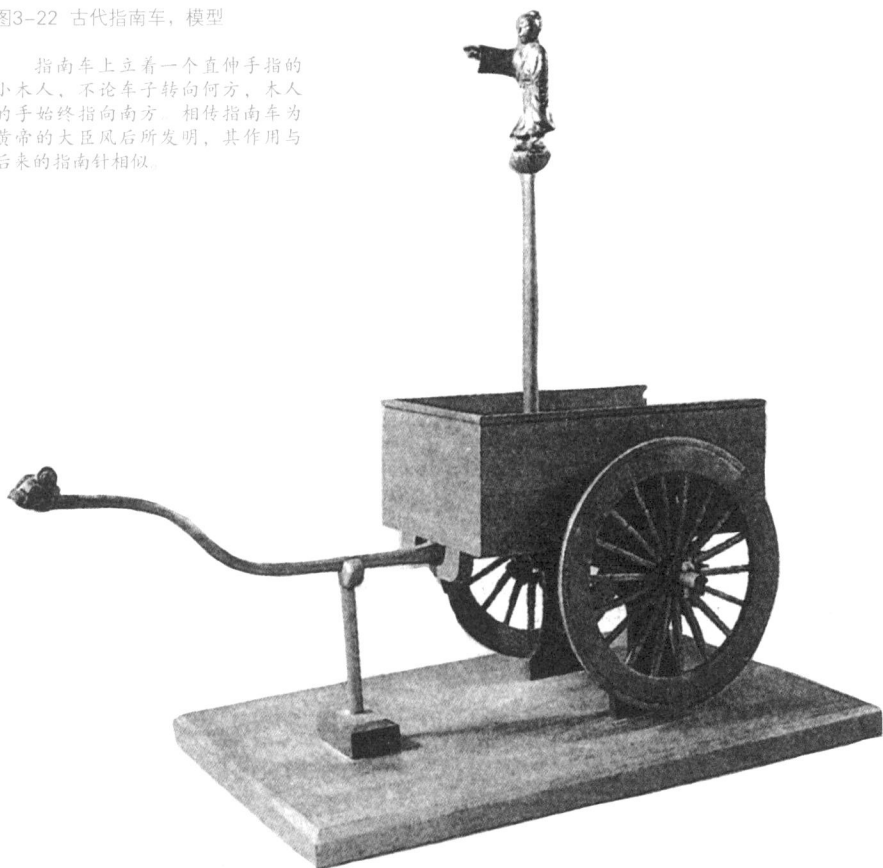

图3-23 二月二龙抬头，清代年画

  年画描绘了初春皇帝率领大臣农耕的情景，画
面下方金牛拉着神农发明的木犁正在耕作。民间传
说阴历二月初二这天是天上主管云雨的龙王抬头的
日子，此后雨水会逐渐增多，有利春耕，因此二月
初二被定为中和节，又叫"春龙节"。在这一天，
皇帝为鼓励农耕而亲临耕种，这也是对神农领导人
们进行农业生产的传统的继承。

  子，用斧子削砍木头而发明了耕地用的木铲和木犁（图3-23），改进了农业生
产技术。炎帝还被称为医药之神，因为传说他还发明了中医，中国神话里
就有著名的"神农尝百草"的故事。

  黄帝与炎帝其实都是"箭垛式的人物"，众多创作发明原本都是人类
在长期的实践中智慧积累的结果，但后人心甘情愿把这些功劳都归功于
黄、炎二帝，因为如此神奇而又伟大的创造发明除伟大的圣人、神人，还

有谁能做到呢?

　　中国的创造发明神话的神性没有其他神话强，大多只对创造发明过程带有神性的追述。这些神话传说从实践出发，讲述的创造发明多源自生活，是人们集体智慧的结晶。虽然多数创造发明都被归功于神话传说人物，但这些人物却也只是对先圣先哲的神化，或者说这些神话传说人物与民众血肉相连，他们的创造发明都离不开劳动，都是从群众需要出发，以改善人们的生活为目的，具有强烈的人本思想。这显然与西方神话中一切都是神轻而易举的创造有着明显的不同。

文明的
童年

中国神话传说

4

困境不能阻止的脚步

——英雄和灾难神话

▍歌颂辛勤奉献的神话

中国神话传说蕴涵着中华民族的民族精神。中华民族是一个多灾多难的民族，在与灾难抗争中，磨砺了民族意志，提升了民族精神。中国神话传说中的灾难故事是上古早期居民对灾难的民族记忆。灾难中涌现出的神与英雄成了这类神话传说中的主人公。

研究古希腊文化的学者肯定，古希腊文明是海洋文明，海洋的多变性，以及古希腊人生活的舒适，使古希腊人对人性的弱点有切实的了解，因此，古希腊人在构建神话世界的时候，有更多的从容和游戏态度，这就决定了古希腊神话的完整性，以及古希腊神话中奥林匹斯山上众神具有更多人性的弱点，如自私自利、好逸恶劳、贪得无厌（图4-1）。中国是建立在农耕文明基础上的文化，农耕文明是有次序、有计划的理性文明，同时又是充满了灾难侵袭的忧患感的文明，因此，中国上古早期居民需要的是承担社会责任的神，中国古代神话传说中的诸神大多勤劳、高尚，胸怀天下、心系民众。盘古、女娲、伏羲、炎帝、黄帝、尧、舜、禹等等，我们所知道的那些英雄神，无不如此。

　　盘古开天辟地，最终身体化生万物，成就了世界而牺牲了自己。属于神话传说性质而又被纳入中国历史体系之中的"三皇""五帝"，均是劳苦功高，上尊天意，下顺民心，为百姓操劳奉献，最终天下归心，受后世历代颂扬。

　　共工撞不周山后，地裂天崩，暴雨如注，洪水泛滥，猛兽横行，人类面临着灭顶之灾。人类母亲女娲主动承担起了拯救人类的重任，决心炼石补天（图4-2）。她周游四海，遍涉群山，寻找补天所需的五色石（青、黄、赤、白、黑五种颜色的石头），又借来神火，冶炼五色石，补好苍天，止住了暴雨。在这过程中，女娲历经艰辛，历时九天九夜，才炼就了五色巨

图4-1 萨提罗斯追逐着狄安娜的仙女
们，[瑞士] 阿诺德·波克林/绘

　　萨提罗斯长有公羊的角、腿和尾
巴，是古希腊神话中的森林之神，也是性
好欢媾、耽于淫欲的代表。古希腊神话中
神大多如萨提罗斯一样有着人类的七情六
欲，众神之神的宙斯是如此，美丽女神阿
佛洛狄忒也是如此。

石三万六千五百零一块，然后又历时九天九夜，才把天补好。之后，女娲
抓来神鳌，砍下四足，垫起大地的四角；又把芦苇烧成灰以吸干洪水，杀
掉了害人的猛兽。经过女娲一番辛勤劳作，天地秩序恢复正常，人类重新
过上了安乐的生活。

　　女娲不辞辛苦地创造了人类，当人类处在天崩地陷、水深火热之中
时，她又以大无畏的精神挺身而出，承担起拯救人类的重担。女娲的精神
正是中华民族勤劳与奉献精神的最好诠释。女娲既是一位补天英雄，又是
最早的洪水制伏者。女娲的形象是上古早期居民征服自然的愿望和力量的
化身，女娲补天神话不仅反映了中国古代先民企图解释复杂的自然现象，

图4-2　女娲举石补天，《山海经》
（曾舒丛/摹）

　　图中的女娲是人头蛇身，与汉
代砖刻中的女娲形象一致；而女娲
浑身被烈焰炽烤，则象征着她炼石
补天的艰辛。

积极认识宇宙、征服自然的进取精神与伟大理想，同时也反映出了他们以拯救天下为己任、为民除害、造福人类的崇高的精神面貌。

　　民间为纪念女娲，在许多地方每年都过"天穿节"，人们在这天会做许多煎饼铺在房顶，以象征女娲补天。至今一些地区还保留着"扫晴娘"的习俗（图4-3），每逢雨水不止，人们就在扫把上系上象征女娲的人像，扫向空中，祈祷女娲显灵，再来止雨。

　　前面提到过的治水英雄鲧禹父子，同样心系百姓，治水救世。鲧、禹治水虽成败有别，但伟大崇高的牺牲精神却一样。鲧为治水救人，心急如焚，情急之下，私盗天帝息壤，并因此而被天帝所杀。但鲧无怨无悔，精

图4-3　扫晴娘，20世纪20年代
《中国迷信研究》

　　雨水过多时，民间有祈求扫晴娘止雨的习俗。女娲即是扫晴娘的原型，女娲补天后，雨水停止，天空放晴；扫晴娘以扫帚扫除阴雨天气，迎来晴朗天气。因此，祈求扫晴娘的习俗被视为女娲补天神话在民俗中的反映。

神不死，既而生禹。禹子承父业，继续治水，反复研究，改堵为疏，化作大熊开山掘土，历经十三年，三过家门而不入。禹由南到北，从东到西，走遍了九州各地，遍治天下诸河，又安置百姓，分配土地，教民生产，不顾风雨，不畏艰辛（图4-4）。由于常年泡在水里，小腿汗毛全都脱落，脚跟腐烂，只能拄杖而行。双手没了指甲，身形消瘦，两颊深陷，嘴突出如鸟喙。在禹治水的过程中，虽有许多神奇事件发生，然而起决定作用的还是主人公的辛勤劳作。禹作为中国文化中的圣王，其地位不是神的恩赐，也不是因为天资，而是自己功绩的积累（图4-5）。

　　古希腊与古希伯来也都有洪水灾难的神话，其重点在表现人类由于获

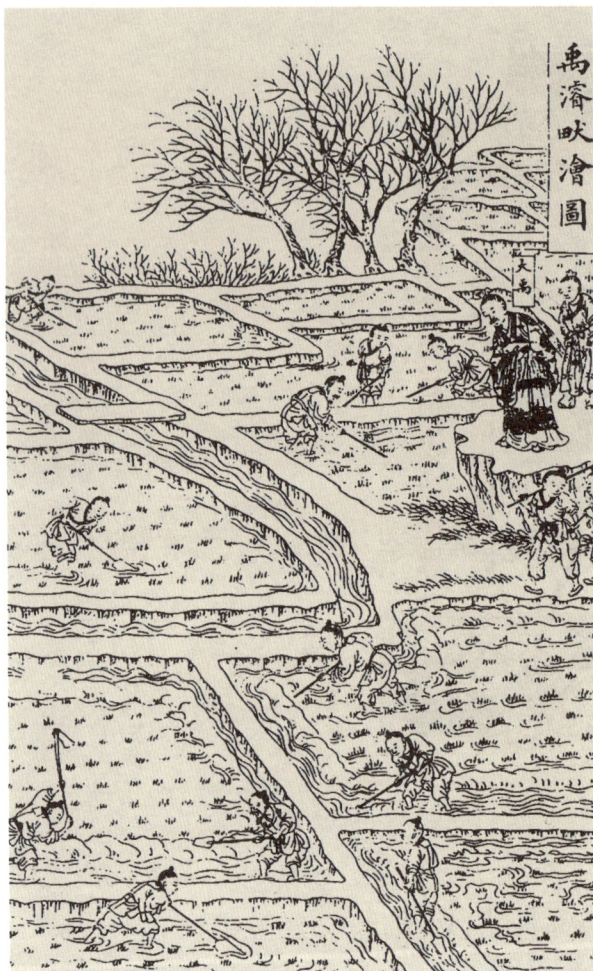

图4-4 禹濬畎浍图，版画

图中大禹在指导灌溉工程。相传大禹治理完洪水后，命太章和竖亥丈量大地，划分九州，与后稷一起教民播种粮食，为民众提供谷物和肉食，发展贸易，互通有无，安定百姓，又把鬼怪形象铸在九鼎上，便于人们识别，以免受其害。

（右）图4-5 帝尧赏赐大禹

大禹因治水有功，被封为司空，赐姓姒氏。鲧被杀后，舜荐荐禹来继续治水，其时帝尧仍在位，可大禹被封为司空却是在舜即帝位之后。此事见载于《尚书·尧典》中，舜继承尧帝之位后大封功臣，封大禹为司空，肯定了他的治水功绩。

罪于神而应受惩罚，最终除了听从神的旨意的一家人活下来之外，人类全都灭亡了。古希腊和古希伯来洪水神话表面上是宣扬神的至高无上性，警告人类切勿堕落与不遵神旨，但内涵实际上是告诉人类应该敬畏自然，克制过度的欲望。在古希腊和古希

帝堯命禹治水歷南北周行窮困東造延西嫋九河
於滑淵開五水於東北平易相土觀地分州殊方各
進有所納貢民去崎嶇歸於中國堯自俞以固其秩
此迺號禹曰伯禹官司空賜姓姒氏　書集淵海

伯来神话中，神是主宰，人是匍匐在地上的奴仆，如不服从神的旨意，神可以随意降临灾难惩罚人类。而在中国两个洪水灾难神话中，人类都是无辜的受害者，且都是因为英雄神的帮助，最终得以渡过难关。中国神话传说中，神虽比人更具力量，但人始终是神话传说关注的主体，所以中国的英雄神均体现出强烈的为人类牺牲的奉献精神，这表明中国古代神话传说

图4-6 神农采药图，山西省雁北地区文物工作站藏

传说神农身体是透明的，可以看清吃下去的草药在体内的反应情况，以此来研究药性；又传说神农还有一根红色的鞭子，用鞭子鞭打百草即可识别草木的药性。据川东民间传说，神农最终因尝了剧毒之草——断肠草而中毒身亡。

中的神是依附于人类而存在的，而不是异化于人类而存在的。

此外，还有神农炎帝为了解决人类的治病问题，决心尝百草，定药性。他遍尝天下的草药(图4-6)，观察各种草药在自己体中的反应，所以经常中毒，有时一日之内就中毒七十多次，受尽折磨。通过长期的总结积累，神农终于制定了人体的十二经脉和《本草经》，创造了中医，造福人类。如此舍身为人、以造福人类为最终追求的神祇，与古希腊神话中的普罗米修斯如出一辙，不同的是，普罗米修斯所受的苦难大多来自其他神的折磨，而中国的神所受的苦难却多是任务本身的不易。

中国神话中英雄神是人类的保护神，是他们的付出与牺牲换来人类的平安。他们所创造的神奇不是简单地凭神力所至，更多地依赖于他们流血流汗的艰辛付出。直到今天，中华大地上还盛行着对这些英雄神的纪念、祭祀活动。后人对英雄神表示追念与感恩，感谢他们为人类所做的一切，祈求他们永远庇护人间。

总的看来，中国古代没有形成以神话人物为中心的统一宗教，所以，中国古代神话中的英雄神并不是通过宗教的传承而流芳后世的，女娲、神农、鲧、禹等神话传说人物之所以不朽，既缘于有关他们的故事生动神奇，更在于他们为人类奉献的巨大功绩，以及他们身上所体现着的勤劳、智慧、勇于牺牲、乐于奉献等人格魅力。

▌弘扬不懈进取的神话

　　如果有人要与太阳赛跑，你也许会认为这人是在痴心妄想；如果有人想凭着肩挑手提，要使高山变平地，使山路变坦途，你一定会认为这人是不自量力。但在中国神话传说中确实存在这种"痴心妄想"而又"不自量力"的英雄。夸父逐日、愚公移山的故事讲述的就是这样的英雄。主人公夸父、愚公身上所体现出的坚忍不拔、锲而不舍的意志与敢想敢作、积极进取的品质都是中华民族受益无穷的精神养料。

　　传说夸父（图4-7）住在一座名叫"成都载天"的高山里，他身强力壮，高大魁梧，意志力坚强，常常将捉到的凶恶的黄蛇，挂在自己的两只耳朵上作为装饰，或抓在手上挥舞。一日，夸父在劳作时，看见火红的太阳自东方升起，慢慢向西移去，便心生遐想，希望能追上太阳。于是他拔腿便跑，与太阳赛起跑来。

　　夸父的想法实在是大胆而富于想象力，体现出了人在自然面前的执著与自信。上古早期居民认识到太阳是时间与生命的源泉，光阴似箭、时光荏苒、日月如梭等对时间与生命飞逝的感叹都与太阳的运动有着直接的联

图4-7 夸父逐日，《山海经·海外北经》（蒋本）
（曾舒丛/摹）

　　夸父的头上爬满小蛇，两手各持一条蛇，奋力
向前追赶太阳，蛇增加了夸父的气魄，使其形象更
为英勇。但在西方神话里，跟蛇有关的神话人物很
少有正面形象，如古希腊神话中的女妖美杜莎，人
头蛇身，头发全是毒蛇，人一看到她的眼睛就立即
会变成石头。

系。夸父想追上太阳，与太阳同在，或许这样时间与生命就不会消逝，与
太阳赛跑其实就是与时间赛跑。夸父逐日折射出的是中国古代先民珍惜光
阴、积极改造自然的主体意识。

　　夸父从东追到西，一直追到太阳坠落的地方。由于他奔跑得太久，不
曾停歇，在火热的太阳的炙烤下，他既疲倦又口渴。为了解渴，他一口气
就把黄河水喝干了；他接着又跑到渭河边，把渭河水也喝光，仍不解渴。
夸父又向北跑去，因为北方的雁门山附近，有个纵横千里的大泽，叫作瀚海。可夸父还没有跑到那里，就再也跑不动了，他像一座大山一样轰然倒地，渴死在逐日的途中。在临死的一瞬间，他扔下了手杖，手杖落地的地方，顿时生出大片郁郁葱葱的桃林。

还有一种解读认为，夸父逐日不是在与太阳赛跑而是在驱逐太阳。因为神话与历史的纠结不清，中国人总试图追寻神话传说中的历史事件，认为神话传说总有其种现实依据。夸父逐日很可能是对上古时期的一次旱灾的神话反映。夸父之所以逐日就是要赶走暴晒大地的太阳，缓解灾情。而夸父喝干黄河、渭河也是对当时河流干涸断流现实的神话想象。夸父的手杖也成了驱赶太阳的武器。最后夸父的手杖化作桃林也就可以理解为上古早期居民对树荫的渴望了。这样，夸父就由誓与太阳赛跑的个人英雄神变成了一位为人们祛灾减难、不惜牺牲自己的民族英雄神。然而不管是追逐太阳还是驱赶太阳，夸父身上都洋溢着自信豪迈的气概。

中国神话中还有一位与夸父一样敢想敢作的英雄——愚公 (图4-8)，但愚公不是神，他只是一个平凡的没有任何神力的老人。"愚公"本指愚笨的老翁，然而这位年近九旬的愚公却是最受中国人尊崇的人。愚公家门前是高大的太行山和王屋山。两座大山严严实实地挡住了愚公一家的出门之路，出入很不方便。一天，愚公突然产生一个大胆的想法——把两座大山移走。

愚公说干就干，说服妻子，带领全家老少动手

图4-8 愚公，雕塑，河南济源王屋山愚公故居园（聂鸣/摄）

虽然故事中的愚公本身没有任何神通，但他坚毅的形象已经深入人心，愚公精神已成了中华民族的精神滋养。毛泽东对愚公的高度颂扬，致使愚公精神在现代中国得到了更为广泛的宣扬。

图4-9　愚公移山，浮雕，河南济源市博物馆
（聂鸣/摄）

　　浮雕以愚公手挥镐头、挖山不止的形象来
传达其不渝进取的精神。济源被认为是愚公的家
乡，中国人总喜欢为神话传说中的人物寻找家
乡，似乎要证明这些人物都真实存在过。

移山。大家肩挑手提，用竹筐装土石挑运到千里之外渤海边上。但渤海实
在太远，冬夏换季，才能往返一次（图4-9）。

　　愚公的举动引起了别人注意，有赞成者的支持，当然更有非议者的嘲
笑，比如智叟。智叟是指聪明的老头，恰好与愚公形成对比。智叟的"聪
明"在于他看到了愚公移山行为的"不自量力"，他笑着阻止愚公说：
"你真是太愚蠢了，就凭你的风烛残年，恐怕连山上的草木都难以移动，
又怎么能把泥土和石头移走呢？"而愚公的回答是："我死了，还有儿

图4-10 愚公移山图（局部），油画，徐悲鸿/绘

徐悲鸿（1895—1953），江苏宜兴人，原名寿康。中国现代美术事业的奠基者之一，杰出的画家和美术教育家。这幅《愚公移山图》作于1940年，届时正值中国人民抗日的危急时刻，画家作此画意在表达抗日要有愚公移山一样的决心和毅力，鼓舞人们去争取最后的胜利。

子；儿子又生孙子，孙子又生儿子；子子孙孙无穷无尽，可山不增高不加大，何愁挖不平呢？"（图4-10）

智叟之"智"似乎是知难而退、量力而行，但其实代表的是世俗的急功近利，目光短浅而安于现状；愚公之"愚"看似是不自量力，却代表着一种"忘怀以造事，无心而为功"的精神，目光长远而充满开拓进取的精神。面对别人的异议与质疑，愚公没有动摇，他敢于摆脱传统束缚、坚持主见，并勇于挑战自我，迎难而上，坚定不移。愚公及其家人矢志不渝、锲而不舍、前赴后继的奋斗与进取精神教育了一代又一代中国人。尽管故事的结局是山神向天帝报告，天帝被愚公的决心与诚心打动，命令夸娥氏的两个儿子背走两座大山的，但愚公精神对身处在喧嚣浮躁而又急功近利

的社会里的人们来说无疑具有启示作用。

愚公以九十高龄而身先士卒，带领家人开始移山伟业，以自己的行动感召家人与邻居，并最终感动天帝。愚公不是夸夸其谈的空想家，而是扎扎实实的实干家。"千里之行始于足下"，"九层之台起于垒土"，愚公以实际行动再次印证了这些古训。愚公代表的是一种积极的人生观，他的故事是对消极人生态度的一种有力批判，反映出了中华民族积极乐观的民族性格。在愚公与夸父们的身上，我们看到了中华民族锲而不舍、坚忍不拔、持之以恒的进取精神与敢想敢作、自信豪迈的情怀与意志。在强大的自然面前，上古早期居民表现出了改变生存环境、与命运抗争的信念与气魄。

111

▎倡导勇敢抗争的神话

了解古希腊神话的朋友都熟悉其中有位伟大的英雄——大力神赫拉克勒斯。他神勇无比，完成了十二项使命，还帮助伊阿宋夺取金羊毛，还解救过普罗米修斯。有关他英勇无畏、敢于斗争的神话故事大家都耳熟能详。其实在中国神话传说里也有一位类似的英雄，他就是羿。

有关羿的故事开始于对农业文明极具杀伤力的旱灾（图4-11）。夸父逐日的故事也反映的是上古时期的一次旱灾，但那次旱灾似乎没有羿遇到的这次严重，因为这次出现在天空的是十个太阳。这十个太阳正

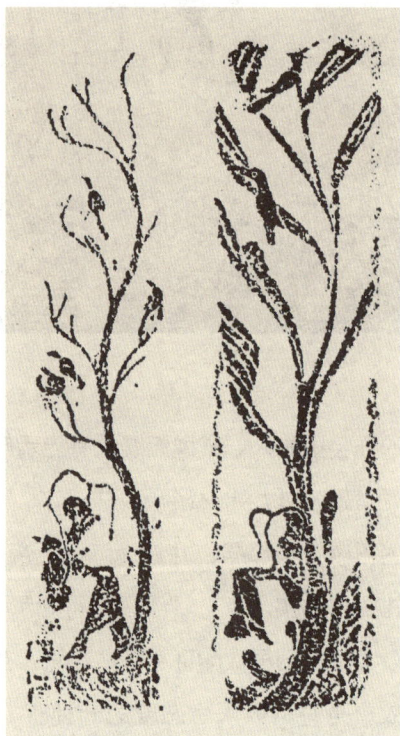

图4-11 后羿射日，汉代画像石（拓片）

画像中羿在树下弯弓射击停在树上的乌鸦。传说这些乌鸦是三足的金乌，是太阳的化身，一说是太阳的坐骑，射落乌鸦就等于射落了太阳。十日并出应是对上古时期一次罕见的旱灾的一次神话反映。

图4-12 挎着金箭袋，手持神弓的赫拉克勒斯勇杀斯蒂姆法利亚的食人鸟

赫拉克勒斯是众神之神宙斯和阿尔克墨涅的私生子。他拿着诸神送给他的礼物，完成许多常人不可能完成的任务，成为希腊神话中最伟大的英雄

是天帝帝喾与妻子羲和的十个儿子，他们本应在母亲羲和的管制下，每天一个轮流乘车穿越天空，给大地万物带去光明和热量。可是有一天，这十个太阳突发奇想，要一起周游天空，并趁母亲不注意，全都溜了出来。于是，大地成了火炉，人们成了热锅上的蚂蚁，各种妖魔怪兽趁机肆虐人间。

羿是个神箭手，箭法超群，百发百中。他生下来时即左臂比右臂长，很适合挽弓。帝喾决定派羿下临人间教训他的这些儿子，并惩治妖魔怪兽。帝喾送给羿一副红色神弓和一支装有十支白箭的箭筒，就如古希腊神话中阿波罗送给赫拉克勒斯一张弓，雅典娜送给赫拉克勒斯一个金箭袋一样（图4-12），只不过赫拉克勒斯得到的是嘉奖的礼物，而羿得到的却是完成使命的利器。

羿下凡后，登上东海边的一座大山，看到正在天空上嬉戏而不知人间疾苦的十个太阳，愤怒不已，拉弓搭箭，一箭射了过去。只见一个通红的太阳瞬间掉了下来，一团火焰在坠落的过程中纷纷飞舞，像金色的羽毛一样飘落漫山遍野。落地后的太阳化作了一只三只脚的乌鸦，周身的羽毛是金黄色的。因此，在中国古代，金乌又被称为日精代表太阳，在汉代的砖刻上就常见三足乌的图案(图4-13)。

　　羿连发了几箭，无一虚发，一连射掉了好几个太阳，大地越来越凉爽。正在观看羿射日的尧，见羿接连射下了好几个太阳，急忙命人暗中将羿箭筒中的箭偷出一支来。这样羿最终射下了九个太阳。从此，天空中只

图4-13 后羿射日

　　应天帝之命，神射手羿射落了九个太阳。图中三个已被他射落的太阳死后变成大乌鸦，躺在他的脚下。羿与后羿本不是一人，但后来渐渐重叠融合，加之"后羿射日"是四字，符合汉语以双音节为主的习惯，所以"后羿射日"的说法越来越流行。

剩下了一个太阳。旱灾得到了解除，人类的生活重归正常。

完成射日后，羿又先后铲除了人脸牛身马脚的窫窳（图4-14）、齿长五尺的凿齿、九头蛇怪九婴、恶鸟"大风"、巨蟒巴蛇（图4-15）等凶恶的怪兽，最后又到中原地区的桑林捕捉大野猪，献给天帝。这些怪兽都残害百姓，为害一方。羿与它们展开殊死搏斗，最终战胜邪恶，为民除害。

很巧的是，赫拉克勒斯所完成的十二项任务中也有杀死九头蛇怪与活捉大野猪的战斗。然而，羿的战斗是出于为民除害、造福百姓的初衷。羿因为能为民除害，所以成为中国古代神话传说中的英雄神。而赫拉克勒斯则是为了

图4-14 窫窳，《山海经·北山经》（禽虫典本）（曾舒丛/摹）

窫窳又称猰貐，是后羿射杀的第一个怪兽，形状像牛，红身，人脸，马足，叫声如同婴儿的啼哭，性格凶残，喜食人类。

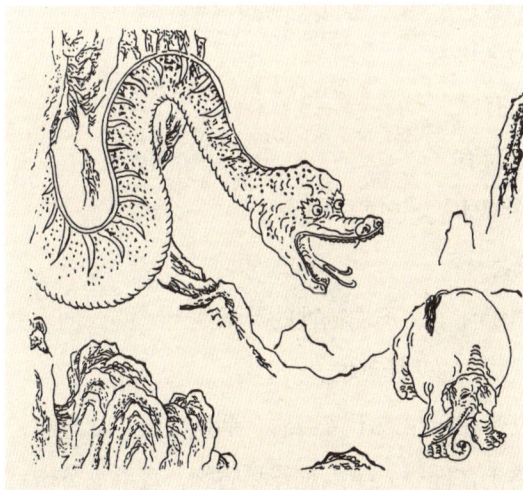

图4-15 巴蛇，《山海经·海内南经》（蒋本）（曾舒丛/摹）

巴蛇也叫食象蛇、灵蛇、修蛇，蓝色的头，黑色的身体，居住在洞庭湖一带，吞吃过往的动物，还袭击人类，据说它曾经生吞过一头大象，三年才把骨架吐出来。羿把巴蛇斩杀后，巴蛇的尸体变成了一座山丘，即现在的巴陵。

115

通过完成那些看起来难以完成的艰巨任务，证明自己是真正的英雄，完全有资格成为神（图4-16）。

羿为人们除害，使百姓过上了安稳的日子，人们都十分感念他的功德。但天帝和他的妻子却并不高兴，因为羿射死了他们的九个儿子。天帝怀恨不已，取消了羿的天神身份，拒绝他重返天庭。从此，羿就只好生活在人间了。羿由神降为人，与赫拉克勒斯由人升格为神，结局恰好相反。中国神话突出的是羿的为公为民的圣贤情怀，而古希腊神话强调的是赫拉克勒斯令人崇拜的神勇，体现出了中西文化的差异。在中国文化中，具有牺牲精神的就可被称为英雄，而在西方文化里，英雄的首要因素可能是具有常人没有的超凡能力。尽管如此，有关羿与赫拉克勒斯的神话最终都体现出了主人公英勇无畏的气概。

图4-16　赫拉克勒斯杀死内梅亚猛狮，公元前5世纪希腊瓶画

　　杀死内梅亚猛狮并剥下它的狮皮是赫拉克勒斯得到的第一个任务。狮子凶悍无比，人间的武器根本伤害不了它。赫拉克勒斯最终杀死了它，并用它的利爪划破了皮，把狮皮剥了下来。

　　如果说羿是中国神话中勇于斗争、不怕牺牲的英勇战士，那么刑天就是中国神话中敢于反抗、永不妥协的悲壮英雄。

　　刑天本为炎帝近臣，自炎帝在阪泉败于黄帝后，刑天一直不甘失败，不愿意屈从于黄帝的统治。终于，他一人手执利斧和盾牌，直杀上黄帝宫

图4-17　刑天，《山海经·海外西经》（蒋本）（曾舒丛/摹）

刑天本是炎帝手下的一位大臣，生平酷爱音乐，曾为炎帝作乐曲《扶犁》，作诗歌《丰收》，总名为《卜谋》，以歌颂人民的幸福生活。刑天因与黄帝争帝位，脑袋被黄帝砍下，埋在常羊山下，但仍不死心，以乳为眼，以脐为口，继续战斗。

门之前，要与黄帝争夺帝位。双方杀得天昏地暗，刑天终于不敌，被黄帝砍下了头颅。刑天虽已身首异处，但雄心不死，志气不泯，又再次站了起来。他以两乳为双目，把肚脐当嘴巴，左手握盾，右手持斧（图4-17），誓与黄帝再决雌雄。刑天虽然失败，但他的这种虽死不屈，勇敢抗争的精神却一直深受后人的称赞。东晋诗人陶渊明在《读山海经》诗中写道："刑天舞干戚，猛志固常在。"对这位悲壮的英雄予以由衷的赞美。

作为炎黄子孙的中国人之所以颂扬胆敢反抗黄帝的刑天，完全是被刑天的敢于抗争、永不言败的精神所震撼。同时，对刑天的颂扬表明了中国文化所具有的善良的品性：同情弱者，同情末路英雄。

中国神话传说中这种不屈不挠、抗争到底的形象，比较经典的还有衔石填海的精卫鸟。精卫是炎帝的小女儿被大海淹死后的精魂所化，她痛恨无情的大海夺去了自己年轻的生命，发誓报仇雪恨，要把汹涌无边的大海填平。于是小小的精卫鸟每天一刻不停地从西山衔了小石子、小树枝，飞

117

图4-18 精卫,《山海经·北次三经》(蒋本)

　　传说炎帝小女儿在东海游玩,不幸淹死,她的灵魂变成精卫,形如乌鸦,白喙,红色脚爪,头花色。世人常为被东海波涛吞噬的炎帝女儿而叹息,更因精卫鸟衔运西山木石以填东海的顽强执著精神而心生敬佩。在东海边上至今仍立有一处名为"精卫誓水处"的古迹,以为纪念。

往东海,投向波涛汹涌的大海,成年累月,从不停息,永不妥协(图4-18)。

　　精卫与刑天是中国神话中敢于反抗、绝不屈服的典型代表,他们身上所体现的精神每逢民族灾难时,就会在中国人民身上得到印证。中国历史上,有无数英雄,用自己的英勇行动展示了对公平与正义的不懈追求,诠释了个人对国家、社会的责任,他们以不屈的身躯挺起民族的脊梁。他们的精神与中国神话所体现出的勇敢抗争的精神一脉相承,是对羿、刑天及精卫精神的继承与发扬。

▍英雄崇拜与少数民族史诗

中国的五十六个民族中除了汉族，其他都是少数民族。五十五个少数民族都是中华民族大家庭中的成员，为中华民族的灿烂文明做出了巨大的贡献。许多少数民族的神话不但不逊色于汉族神话，而且远比汉族神话丰富、系统。少数民族的神话故事大多口耳相传，世世代代为人们所传颂。一些少数民族神话后来有幸形成文字，成为民族史诗。

很多人认为中国缺乏民族史诗，但只要看看中国许多少数民族的神话传说就知道他们错了。中国不但有史诗，而且还极为丰富，规模巨大，有的至今还活着，被人们传唱。中国藏族的《格萨尔王传》有一百多部，一百多万行，远远超过了古希腊与古印度的史诗，可说是世界第一长诗。蒙古族的《江格尔》、柯尔克孜族的《玛纳斯》也都有二十多万行，此三者合称为"中国三大史诗"。少数民族史诗往往被视为该民族的"根谱""百科全书"以及"形象化的民族社会发展史"，成为该民族情感与精神的寄托，关系着民族的向心力与凝聚力。

学者们一般把民族史诗分为神话史诗与英雄史诗。神话史诗记录的多是创世等神话故事，而英雄史诗记录的多是民族祖先英勇辉煌的功绩。其实无论神话史诗还是英雄史诗都带有很浓厚的神话色彩，因为英雄史诗在追述民族英雄的伟大事迹时早已将其神话化了。

藏族史诗《格萨尔》又称《格萨尔王传》，产生于原始公社末期，流传至今已有一千多年，是藏族人民集体创作的伟大民族史诗。史诗塑造了格萨尔（图4-19）这个高大的民族英雄形象，展示了藏族社会由长期分裂到逐步统一的历程。

传说格萨尔出生不凡，是天神的第三子，下凡来拯救受苦受难的世人。格萨尔生在一个肉蛋中，剖开肉蛋他就能站起来开口说话。格萨尔从小受尽磨难，可磨难不但没有挫败他，反而磨砺了他坚强的意志。十五岁时，格萨尔就通过赛马获得了岭国的王位，并娶了美女珠茉为王妃。之后，格萨尔披甲北征，一路过关斩将，斩妖除魔，最终杀了北方魔王路赞，救出次妃梅萨。梅萨为独享宠爱，用迷魂酒将格萨尔滞留在北方达十二年之久。最终经赤兔马流泪唱诉，格萨尔王才醒悟，可在返回的路上又历经曲折，当他回到岭国时，政权已落入他人之手，王妃珠茉也已被迫嫁给了霍尔王。格萨尔设计夺回政权后，又飞奔去霍尔国搭救珠茉（图4-20）。格萨尔一路上以神力变幻通过了魔鬼凶兽守卫的九道关卡，最终杀了霍尔王，降服了霍尔国，与珠茉胜利回到岭国。此后，格萨尔又东征姜国得到盐海，南征门国得到门国公主梅

（右）图4-19 格萨尔王戎装像，清代唐卡，四川省博物馆（乐真斯/摄）

唐卡也叫唐嘎、唐喀，系藏文音译，唐卡是藏族文化中一种独具特色的绘画艺术形式，即用彩缎装裱而成的卷轴画。画中的格萨尔王异常高大，表达了藏族人民对这位民族英雄的无比崇拜之情。

朵拉孜，最终消灭了四方魔王，完成了统一四方的大业。之后，格萨
尔王又先后征服了包括大食财国、卡契玉宗、汉地茶宗、蒙古马宗、
印度法宗等在内的十四大宗。每征服一地，格萨尔王都是灭魔安民，
将各类财物以及妇女带回岭国，岭国得以日益强大。最后，格萨尔王
完成了降妖伏魔、惩治强盗与安定三界的使命后，又深入地狱打败了
阎王，救出了地狱中的十八亿冤魂，带着母亲、爱妃重返天界（图4-21）。

　　蒙古族史诗《江格尔》也是一部充满神话色彩的长篇英雄史诗。它以
氏族社会末期奴隶制社会初期为背景，记述了部落联盟首领江格尔可汗为

图4-20 格萨尔王点将台，青海玉树（马耀俊/摄）

　　格萨尔王的点将台传说是格萨尔王检阅将士的
地方。图中格萨尔王身骑骏马、金光闪闪，一位藏
民在台下顶礼膜拜。格萨尔王已成为藏族人民心中
的保护神。

图4-21 孜州色达地区格萨尔王藏戏，2009年6月，第二届中国成都国际非物质文化遗产节大型巡游活动（魏德智/摄）

藏戏起源于8世纪藏族的宗教艺术，17世纪时，从寺院宗教仪式中分离出来，逐渐形成藏戏。《格萨尔王传》为藏戏提供了丰富的戏剧题材。藏族人民以戏剧的形式再现格萨尔王的英雄事迹。

保卫北方的天堂——宝木巴，与敌对势力进行了激烈的斗争，征服各类妖魔，最终统一各部落的英雄事迹。江格尔是海兆拉汗的后代，两岁时，他的家乡就遭到一万个蟒古斯魔鬼的洗劫，父亲战死。江格尔被藏在石洞中而躲过一劫。三岁时，江格尔就骑着赤骥攻破敌人营垒，降伏了庞大的魔鬼。五岁时，江格尔被摔跤手西克锡力克捉住，西克锡力克想尽办法要除掉江格尔，可江格尔总能逢凶化吉，还不断壮大了自己的势力。七岁开始，江格尔率领勇士降伏了无数魔鬼和七十多个国家，在草原上修筑宫

图4-22 《玛纳斯》插图

　　《玛纳斯》从头至尾贯彻着这样一个主题思想：团结一切被奴役的人民，反抗异族统治者的掠夺和奴役，为争取自由和幸福生活进行不懈的斗争。

殿，建立了四季如春的极乐世界——宝木巴。之后，为了保卫宝木巴，江格尔经历了激烈的战争，打败和降伏了前来侵犯的魔鬼。

　　柯尔克孜族的《玛纳斯》共八部，叙述了英雄玛纳斯祖孙八代的英雄事迹。第一代玛纳斯的故事最为丰富，他还在母腹中时就受到卡勒玛克统治者的迫害，之后又少年出走，饱受磨难，最终集合四十个勇士统一了六十个分散的部落，并出征过七次，平定了四方（图4-22）。

　　藏族、蒙古族、柯尔克孜族是有悠久历史的民族，同时又是生活在困苦环境中的民族，恶劣的生活环境使他们的民族性格中具有了刚强、坚韧的内涵，他们需要英雄，并且产生了英雄。在这三大英雄史诗中叙述的英雄及其事迹，未必就是现实中真实存在过或者真实发生过的，但是，这三个民族的英雄正是他们世世代代为追求正义、创造善与美的生活而进行艰苦斗争的心灵轨迹的呈现，因此，这些英雄至今还活在他们心中，不断激励着后来人对美好生活的追求与向往。

　　少数民族的神话史诗比英雄史诗产生的时间要早，且比英雄史诗更具神话性与原始性特色。神话史诗反映了少数民族同胞试图认识自然，渴望征服自然、驾驭自然的精神和愿望。神话史诗主要流传于西南、中南、华南等南方少数民族地区。著名诗篇如彝族的《梅葛》、纳西族的《创世纪》、拉祜族的《牡帕密帕》、佤族的《西岗里》、苗族的《古歌》(图4-23)、壮族的《布洛陀》、瑶族的《密洛陀》、畲族的《盘王歌》等，内容十分丰富。许多民族都拥有不止一部神话史诗。单就苗族的《古歌》而言，就包括"开天辟地""打柱撑天""铸造日月""洪水滔天""兄妹结婚"等十三部神话长歌，涵盖了几乎所有大的神话主题。

　　众多精彩的民族史诗，在各民族中代代相传、不断丰富，至今还活在各民族群众的口耳之间。它们记录着各民族的文明发展进程，是各民族的"民族博物馆"。随着统一的中国的形成，各民族融入了中华民族的大家庭，共同缔造了大一统的文化中国，他们的史诗神话与汉族的神话有异有同，可以对比参照、相互补充，共同构成了中华民族灿烂多姿的神话世界。

图4-23 苗族同胞演唱古歌，贵州省凯里市三棵树镇季刀村（陈沛亮/摄）

　　苗族古歌的内容从开天辟地、人类起源、洪水灾难到苗族的迁徙、社会制度以及日常生产生活等，丰富多彩，包罗万象。在历史上，由于苗族同胞没有自己的独立文字，因此，苗族古歌的创作与传承只能靠历代人口耳相传。2006年，苗族古歌被列入第一批国家级非物质文化遗产名录。

125

文明的童年

中国神话传说

5

民族文化的渊薮

——中国神话传说的影响

▌ 文化建设的起点

神话传说虽然产生于蒙昧时期，但是它却是文明的起点。中国古代神话传说中丰富多彩的形象、情节和迤逦浪漫的情怀，以及天人合一的思维方式，被直接或间接地运用于建立大一统文化中国之中，成为中国文化生命力与创造力的源泉。

在西方文化中，龙是凶狠邪恶的代表（图5-1）。但在中国，龙的形象却大为不同，代表着勇敢、刚强、权势、高贵、尊荣，中国人都自称是龙的传人，中国的父母们都有"望子成龙"的心愿。

龙起源于原始氏族社会的图腾

图5-1 龙桥上的翼龙，斯洛文尼亚首府卢布尔雅那（Jessamine/摄）

龙在西方是一种传说生物，拥有强大的力量及魔法，种类很多，其家族的庞大毫不逊于中国龙。但与中国龙不同的是，龙在犹太教与基督教中是恶魔的象征。卢布尔雅那的龙桥建于1901年，桥头装饰有四个青铜翼龙，是城市的标志性建筑。翼龙怒目张牙，面目狰狞，代表了典型的西方龙的形象。

127

崇拜，以蛇身为主体，融合了兽类的四只脚、马的鬃毛、蠘的尾巴、鹿的角、鹰的爪、鱼的鳞和须等，形象丰满。龙文化建立的过程正是中华民族经历部族融合后崛起于黄河、长江流域的过程（图5-2）。

中华民族号称是炎黄子孙，炎帝、黄帝在中华文明史中具有崇高地位，而黄帝的地位又比炎帝尊崇，《史记》所载五帝及夏、商、周三王都与黄帝及其后代有密切的血缘关系。而因此被尊为"中华文明初祖"的黄

龍圖

图5-2 龙，《钦定古今图书集成》插图

中国龙是各民族图腾的一种拼凑，现实中并不存在。在中国神话传说中，龙可以上天入水，但一般住在大江大海里，负责一方的雨水，每一块水域都有一个龙王，如东海龙王敖广、西海龙王敖钦、南海龙王敖润、北海龙王敖顺等。在中国民间，随处可见为求雨而建的龙王庙。

帝，就与龙有着密切的联系。黄帝大战蚩尤，取得辉煌胜利后，取首山的铜在荆山铸鼎。据《史记·封禅书》载，铜鼎铸好后，有一条披着金甲的神龙破云而下，它的尾巴和下半身挂在云中，脑袋靠在宝鼎上，长长的龙须顺着鼎足垂到地面。黄帝明白这是自己完成了人间的使命，上天派神龙来接他了，于是纵身一跃，跨上龙背，飞回天庭。百姓舍不得黄帝这样贤良英明的君主回去，大伙儿扯着龙须阻止神龙升天。最后黄帝和神龙还是走了，龙须被扯落到地上，便生出许多细小修长的小草，人们就把这草叫作"龙须草"。

在这个黄帝御龙升仙的仙话故事中，古人用奇丽的想象把代表英明君主的黄帝与存在于神话传说中的龙结合起来，这也是后世帝王自称"真龙天子"的由来，并由此形成了一套完整的与"龙"联系在一起的君权文化系统：帝王的身体叫"龙体"，穿的衣服叫"龙袍"（图5-3），坐的椅子叫"龙椅"，乘的车、船叫"龙辇""龙舟"，颜面叫"龙颜"，凡是与他们生活起居相关的事物均冠以"龙"字。

龙的形象与君权的联系实

图5-3 清世宗爱新觉罗·胤禛身着龙袍

龙袍是皇帝的朝服，上面绣着龙形图案。在中国古代皇帝被认为是天子，是真龙的化身。有龙装饰的物件一般都是皇帝御用，其他人没资格使用。

际上是远古图腾文化的遗留，中国上古早期居民虽然没有建立一神教的宗教体系，但图腾文化和巫祝文化确实是长期存在过的。在中国的天梯神话中，神人沟通的途径没有古希腊神话那般通畅，而是通过屹立于大地上的几根天梯实现的。大地的正中叫作"都广"，对应着天的正中，这里充满了神性，一年四季都能播种，植物长得光鲜美好，鸾凤在此处栖息歌唱。

图5-4 通天塔，[比利时] 布勒哲尔/绘，维也纳艺术史博物馆藏

传说人们想建一座直达天庭的高塔，神对人们的高傲感到气愤，因此打乱人类的语言，使他们无法沟通，从而无法筑成通天塔。这座塔又称作"巴别塔"，"巴别"就是"变乱"的意思。通天塔与中国神话传说中的建木一样，都是人类试图用来沟通天人的途径。

中央天帝（即黄帝）在都广的中央种植了一棵大树——建木，作为神通向人间的天梯。建木高几百丈，没有枝丫，只有一根曲曲折折的主干直插云端。而人通向神界的天梯主要是登葆山和灵山，可以登上天梯的人是被选择过的，也就是专门负责与神沟通的巫师。天梯神话在世界各民族中普遍存在，《旧约》中的通天塔（图5-4）是人类希望上到天堂所建的天梯，而流传在西方世界的童话《杰克与魔豆》中长出通天藤条的魔豆也运用了天梯神话的母题。

人类在早期的生存中，希望食求饱、衣求暖、无病灾、能长生，上古早期居民试图运用一种技术，借助神灵的力量，以最快捷、最简易的方法，处理和解决这些难题。在"天梯"神话中，通过"天梯"可以解救人类于任何危难的神奇巫术，在民众心中奠定了深厚的关于天的信仰基础。在神话传说中因为天梯开通之后带来了神界与人界的混乱，天帝下令把诸如建木、登葆山等天梯关闭，这样一来，原本隐藏在实物天梯背后的实际天梯——"巫师"（图5-5）（图5-6）被凸显了出来，成为人神沟通的主要力量，由此演化出了后世长存于民间的巫文化。所以，对民间宗教信仰产生着深厚作用的巫祝文化实际在神话时代即已种下了魔豆般的种子。

图5-5 巫师持蛇作法，春秋楚国琴瑟残片

在中国古代，巫师有着职业化倾向，被认为是可以与神沟通的人物。在远古时期，巫师的地位十分崇高，往往被认为是最具智慧和知识的人，许多民族首领可能同时又担任巫师的角色。

131

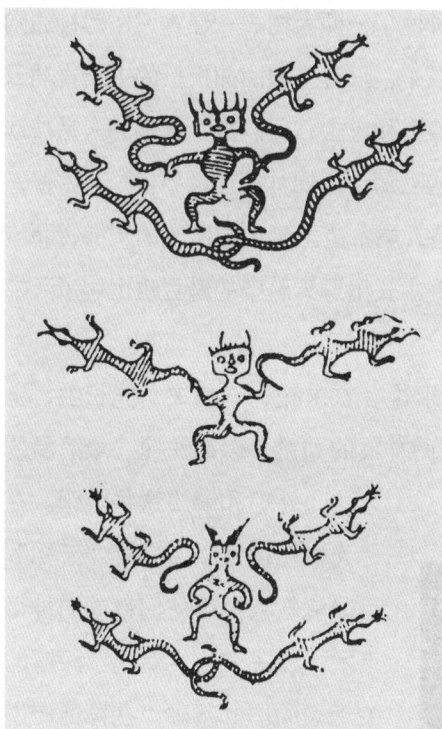

图5-6 巫师，刻纹青铜礼器面图案拓片，江苏淮阴高庄战国墓出土

图中的巫师正驱使着壁虎形状的爬行物在设法。巫师一般被认为都拥有巫术或法力，可以用来预测未来，操控大自然，解释恐怖现象，治病救人等等。巫术活动在古代深入到生活各个方面，战争、祭祀、出行、婚丧嫁娶、生老病死等各方面都存在用来趋利避害的巫术。

中国神话传说不仅与宗教有着密切的联系，同时也对中国古代哲学产生了深远影响，与古希腊哲学家同为轴心时代人物的中国春秋战国时期的诸子百家，都或多或少地吸收了神话传说的养料。神话思维被继承和运用，神话故事被引用于说理，在这个过程中，也不乏对神话传说的再创造。在这个过程中，诸子百家不仅开启了当时的思想争鸣，还以其悠长深远的理性哲思泽被后世，成为后世不可企及的文化经典和精神范本。

诸子百家中，以道家的庄子神话色彩最浓，他在哲学论著中大量运用了寓言的手法，其手法本身就是神话中的类比思维的运用。在《庄子·秋水》中，谈到了中国的黄河之神——河伯的故事。但庄子并没有交待河伯的来历。河伯原本是个凡人，叫作冯夷（图5-7），不安心耕种，一心想成仙，听说喝上一百天水仙花的汁液，就可化为仙体，于是他东奔西跑找水仙花。转眼过了九十九天，再找上一棵水仙花，吮吸一天汁液，就可成仙了，但冯夷在渡黄河去对岸找水仙花的时候，突遇黄河水位暴涨，被滔滔河水活活淹死。冯夷死后化为一股怨气到

图5-7 冯夷，《山海经·海内北经》（蒋本）

　　图中冯夷坐着由两条龙拉的车子在水中奔驰。冯夷，也叫冰夷、无夷、河伯，是中国古代神话中的黄河水神。在古代，中国许多地方都有祭祀河伯的习俗。

玉帝那里诉苦，玉帝见冯夷已吮吸了九十九天水仙花的汁液，理应成仙，于是让冯夷去当黄河水神。自此，经常改道、横行四野的黄河被冯夷治理得井井有条。到了秋天，百川之水汇入黄河，河面宽阔，鱼龙潜跃，波涛汹涌，河伯欣喜非常，认为天下一切美好的东西全都聚集在自己这里，他决定顺着水流向东走一走，看一看。当他走到黄河的尽头，来到北海边，

133

却看不见大海的尽头，原以为阔大的黄河与大海比起来竟然就像小溪流一样，河伯这才觉得自己的视野是多么的狭小。庄子在写到河伯大开眼界之后，又通过海神的口表述了关于小知和大道的辩证关系，把改造过的神话故事引向了自己的哲学天地。从另一个角度看，《庄子》的整部书文风汪洋闳肆、瑰丽奇伟，其实是对神话传说的浪漫主义精神实质的一种继承。

在中华数千年文明史中，无论是精神文化，还是民俗文化，都深深地打上了中国古代神话传说的印记。一直到我们今天的政治、经济、宗教、文化生活中，中国古代神话传说的影响也依稀可辨。

艺术创新的源泉

如果你熟悉中国的古典小说《红楼梦》，那么不难发现，女娲补天的神话被曹雪芹巧妙地运用到了小说创作之中，整个故事原来是因女娲当年补天所剩之石，想入红尘享受几年而起。顽石变成通灵宝玉，成了男主人公贾宝玉出生时口中所含之宝玉[图5-8]，见证了整个小说故事的发生。整个作品因之笼罩上了一层神话的神秘外衣。古老的神话传说在小说创作中发挥了独特的作用。马克思曾说："希腊神话不仅是希腊艺术的武库，而且是它的土壤。"这话同样适用于中国神话与中国艺术。神话创造要通过幻想与想象，艺术创造同样离不开幻想与想象。可以说神话本身就是艺术，是人类早期的艺术创造，是后世艺术的生长土壤，深远地影响了后世的文学、

图5-8 贾宝玉，《红楼梦》古版画

《红楼梦》代表着中国古典小说的最高峰，书中男主人公贾宝玉因出生时口中含着一块通灵宝玉，故起名为宝玉。这块通灵宝玉原是女娲当年炼石补天时的一块石头，因无材补天而被遗弃了下来，后求空空道人携入凡尘，小说情节由此而展开。

135

戏曲以及绘画等各种艺术创造。

　　神话传说是中国文学史上浪漫主义的源头，新颖、奇特、大胆的幻想，是浪漫主义手法的一个基本特征。被神话传说滋养着的中国古典文学，在历史上涌现出了一大批浪漫主义作家，屈原、庄子、李白、李贺、吴承恩等都是其中的杰出代表。

　　神话传说也为后世作家提供了大量的创作素材，成为文人墨客抒发情志的载体。屈原采撷上古神话的一些情节，创作了《离骚》《天问》《九歌》（图5-9）、《招魂》等充满奇特幻想的诗篇，尤其是《天问》一篇堪称千古奇文，是诗歌史上的奇迹，其中神话传说的错综运用是一个重要原因。屈原的作品为我们保留了许多珍贵的上古神话，上古神话也成就了屈原的诗歌。

图5-9　九歌图，[元] 张渥/绘
　　《九歌图》卷共十一段，此片段为《东皇太一》《云中君》，是依照屈原的《九歌》绘成的。《九歌》是屈原根据楚国民间祭祀各种神灵的歌谣改编而成，充满了神奇浪漫色彩，是一部明显受神话影响的文学作品。

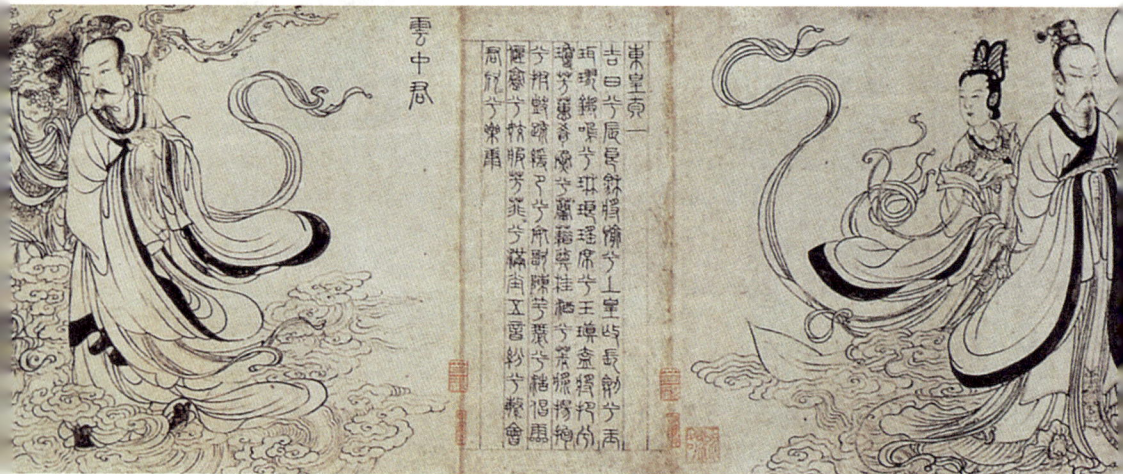

图5-10 太白骑鲸图，[明] 徐良/绘，描绘李白放浪
豪壮的"诗仙"意境

*李白（701—762），字太白，号青莲居士，伟
大的浪漫主义诗人，代表作有《蜀道难》《将进
酒》《梦游天姥吟留别》等，被称为"诗仙"。他
的诗歌有许多都带有神话色彩。*

　　唐代大诗人李白的诗中也运用了大量神话典故，如：团土造人、炼石
补天的女娲，射日除害的羿，撞折不周山的共工，以及嫦娥、修蛇、烛龙
等等，其名作《梦游天姥吟留别》更是描绘了一个活生生的神话天地，勾
画了一幅奇幻神妙的图景。可见，李白诗歌的天马行空与神话的汪洋恣肆
风格也是一脉相承的（图5-10）。

　　神话传说更是小说的一个重要源头。带有简单人物情节的神话传说是
虚构叙述的鼻祖，它与小说有着天然的联系。《穆天子传》其实就是中国
最早的神话小说。该书的重要情节就是利用上古神话传说写出的。魏晋时
期，出现了志怪小说，究其本源，仍脱胎于中国古代的神话传说。《李寄
斩蛇》《干将莫邪》（图5-11）、《董永》等志怪故事都可以看到明显的神话

图5-11 干将铸剑，清末民初，马骀/绘（曾舒丛/摹）

干将铸剑的故事出自中国古代志怪小说集《搜神记》。相传干将奉吴王阖闾之命铸剑，采五山六合之精华，炼铁三月铁英不化，其妻莫邪纵身入炉，铁汁遂出，二剑铸成，雄曰干将，雌号莫邪，锋利无比。从此干将莫邪成为利剑的代名词。

传说色彩。

《董永》讲的是一位叫董永的贫家少年，父亲死后自愿卖身葬父，天帝被其孝心感动，派织女下凡为其妻，织布百匹偿债赎身，而后离去的故事。这故事与我们在前文中讲过的牛郎织女的神话传说十分相似，都是神女与凡人结合的故事（图5-12）。

中国的古典名著中还有一部流传极广的神话小说《西游记》。这部小说从内容到表现手法都与古代神话传说有着血肉联系。有人认为齐天大圣

图5-12 董永卖身，二十四孝石刻图，云南昆明市鸣凤山金殿风景区（杨兴斌/摄）

董永卖身葬父，其孝心感动了天帝。故事后来被人们演绎成了，天帝的第七个女儿——七仙女感动于董永的孝心，私自下凡来嫁给董永为妻，因此而违背了天条并受到天帝的惩罚。故事还被改编为戏曲《天仙配》，被人们经久传唱。

孙悟空这一形象的原型是古印度神话中的神猴哈奴曼，但整部小说中的二郎神（图5-13）、西王母、巨灵神等，都是中国土生土长的神话角色。还有其中各类奇形怪状的妖魔都是中国神话中人兽同体、万物有灵观念的集中而具体的体现。

《封神演义》《镜花缘》《聊斋志异》等神话小说，也都沿袭着古代神话的传统。李汝珍在《镜花缘》中，剪裁、铺排了许多上古神话，如唐敖、林之洋游历海外，遍览种种奇人奇俗，珍禽异兽，简直就是神话形

图5-13 二郎神与啸天犬，《西游记》小说插图，版画

二郎神杨戬，是道教俗神，变化无穷，神通广大；啸天犬是二郎神身旁的神兽，辅助他斩妖除魔。二郎神属中国本土神，在《西游记》中，其形象得到了丰富和发展。而《西游记》作为中国最著名的古典神魔小说，塑造了众多像二郎神一样生动的神魔形象，是中国神话传说与文学艺术相互影响、相互促进的典型代表。

象、神话地理与神话故事的大汇集。这些内容大多来自《山海经》，作品中的女儿国、毛脸国分别是《山海经》的女子国、毛民国。《山海经》中的神话为李汝珍的创作拓展了想象的空间，激发了写作的灵感，提供了写作的素材，同时《镜花缘》又是对《山海经》神话的再创作。

此外，神话传说对戏剧的影响也很明显。历代戏剧中的不少人物、情节都取材于神话，如宋代的傀儡戏，有描述巨灵神的；元剧《窦娥冤》（图5-14）的故事直接取材于《列女传》中有关东海孝妇的传说；黄梅戏中的传统经典剧目《天仙配》，内容是在前面所述的魏晋志怪小说董永卖身葬父

图5-14 窦娥冤,中国戏剧绘图

　　元代杂剧作家关汉卿的杂剧代表作《窦娥
冤》,全称《感天动地窦娥冤》,故事源于《列
女传》中的《东海孝妇》。主要讲述了窦娥被无
赖诬陷,官府原判错斩,后得窦父重审才得以昭
雪的故事。作品在艺术上将现实主义与浪漫主义
风格相融合,想象丰富、大胆,情节充满神话传
说的色彩。

的故事基础上创新和发展起来的，演化成了一个新的比较完整的神话传说故事。说的是董永卖身葬父，七仙女（玉帝的第七女）深为同情，私自下凡，在槐树下与董永结为夫妇。玉帝派托塔天王和四大金刚逼迫七仙女返回天庭，夫妻在槐树下忍痛分别。此外，如近代的川剧，也有演出《大禹治水》等神话传说的剧目。这些都表现出神话传说与戏曲艺术的紧密关联。

绘画上，历代画家颇重视神话题材，早在先秦之时，就盛行画上古神话故事，在长沙子弹库出土的一幅战国帛画中就有描绘黄帝升天的《人物御龙图》（图5-15）。在山东省嘉祥县东汉武氏墓群石刻中，有一组古代帝王画像，所画者有伏羲、祝融、神农、黄帝、唐尧、夏禹等十位帝王。其中九位帝王是人头人身，唯独伏羲形象奇异，并且和女娲画在一起，两人都是人身蛇尾。十位帝王都是神话传说中的人物，女娲与伏羲交尾相拥的图画，反映的正是伏羲、女娲兄妹结婚繁衍人类的神话故事。魏晋时有《山海经图》，内容是精卫填海，刑天舞干戚等。近世的三门峡大禹庙内，画有大禹治水的壁画。此外，有许多工艺品以及现代的雕塑作品都常常涉及到大禹治水、羿射九日、盘古开天辟地、女娲造人补天等神话题材。

神话传说就如同一座取之不尽，用之不竭的宝藏，为后世艺术创作提供了丰富的资源。作为母题来源的神话传说，被后世艺术家无数次重现与再创作；作为思维情感酵母的神话思维、浪漫情怀，不断地激发着艺术家的创作灵感，为中国艺术酿制出樽樽美酒。

〔左〕图5-15 人物御龙图，帛画，湖南长沙子弹库一号战国楚墓出土

帛画描绘了墓主人御龙升天一幕，画面中心的男子驾驭着一条巨龙正向天国飞升。龙头高昂，身平伏呈舟形，翘起的尾上立一只鹭，圆目长喙，仰首向天。一般认为该图反映的是黄帝升天时的情景，表达出了中国古人死后飞升成仙的愿望。

▌民族风俗的根基

你知道中国人过春节为什么要守岁吗？你知道中国古代有"人日"的节日吗？你知道有关中秋节的来历吗？春节、元宵节、端午节、中秋节、重阳节等，都是中国的传统佳节，它们的形成历史悠久，有着丰富的文化内涵，是对中国文化与民俗风情的集中反映。这些节日中的许多习俗都与神话传说有关。

春节是中国人最为隆重的节日。从传统意义上讲，从农历腊月的二十三日，一直到正月十五日都可算是春节，其中以除夕和正月初一为高潮。春节是旧的一年的结束，新的一年的开始，所以俗称"过年"。在这一传统节日期间，家人团聚，有包饺子，做年糕，贴春联，放爆竹，画年画（图5–16），守岁，拜年等等一系列习俗以及其他丰富多彩的活动，带有浓郁的民族特色。如今世界各地都出现了过"中国年"的热潮，中国的农历春节越来越受到世界人民的喜爱。

有关春节的传说很多，其中以熬年守岁的传说和贴春联的传说最为出名。守岁，就是在旧年的最后一天夜里不睡觉，熬夜迎接新一年到来的习

图5-16 福禄寿三星，苏州桃花坞木版年画，中国
民间传统神话人物

　　年画是中国特有的一种绘画体裁，始于古代
的"门神画"，大都是在中国农历新年时张贴，用
以祝福新年吉祥喜庆。福禄寿三星是常见的年画题
材。常见的福星手拿一个"福"字，禄星捧着金元
宝，寿星托着寿桃、拄着拐杖。福星根据人们的善
行施赐幸福；禄星掌管人间的荣禄贵贱；寿星是中
国神话中的长寿之神，可以为人增寿。

图5-17 放鞭炮迎新年，
《清史图典》插画

　　鞭炮的起源至今有两千多年的历史。历史上叫"爆竹""爆竿""炮仗"等。据说一次偶然的机会，人们发觉年兽原来怕红、怕光、怕响声，所以每至年末岁首，家家户户就贴红纸、穿红袍、挂红灯、敲锣打鼓、燃放爆竹，以吓跑年兽。这样，过年燃放爆竹等活动就一年年流传下来成了习俗。

俗，也叫除夕守岁，俗名"熬年"。探究这个习俗的来历，在民间流传着一个有趣的故事：太古时期，有一种凶猛的怪兽，散居在深山密林中，它们形貌狰狞，生性凶残，喜食动物和人类，人们对它们十分害怕，管它们叫"年"（图5-17）。所幸的是，"年"不是每天都出来，它们的活动是有规律的，一般是每隔三百六十五天才会窜到人类聚居的地方来残食牲畜和人类，而且只在天黑以后才会出没，一旦鸡鸣破晓，它们便会返回山林。人们把"年"肆虐的这一夜视为可怕的关口，称作"年关"。掌握了"年"的活动规律之后，老百姓计算着日子，每到年关这天晚上，家家户户都门窗紧闭，把鸡禽牲畜也都关了起来，并提前做好晚饭，熄火净灶，全家老小围坐在一起，躲在屋里吃"年夜饭"（图5-18）。由于害怕被"年"发觉，吃晚饭时，谁也不敢发出大的声响，而且吃得很慢。由于凶吉未卜，所以这顿晚餐置办得很丰盛，家家都把最好的食物拿出来。饭前，都要先供祭祖先，祈求祖先的神灵保佑，平安地度过这一夜。饭后，谁也不敢睡觉，围坐在一起闲聊壮胆。就这样，逐渐形成了除夕熬年守岁的习惯。守岁习

图5-18 年夜饭，清代《豳风广义》插画

　　年夜饭又称团圆饭，一般在除夕晚上吃。年夜饭要慢慢地吃，有的人家从傍晚开始，一直要吃到深夜。当然，各地的风俗各有不同，在如今南方的某些地区，吃年夜饭时，家家户户都大门紧闭，轻声细语，不能弄出大的声响。吃完年夜饭并将碗筷收拾干净后，才能打开大门。这些习俗明显可以与传说相印证。

图5-19 贴吉语题联，《每日古事画报》插画

　　每逢婚丧嫁娶等活动或逢年过节时候，中国人都喜欢贴对联。春节时贴的对联就叫春联。春联最初的用意是为了驱鬼辟邪，后来就成了一种喜庆与祝福的象征。

图5-20 门神神荼、郁垒，清末年画

　　相传，神荼与郁垒是兄弟，由于擅长捉恶
鬼以喂虎，恶鬼都怕了他们，老百姓就在门上
画神荼、郁垒及老虎像，以驱鬼辟邪。左门画
神荼，右门画郁垒，民间称他们为左右门神。
此习俗流传至今，但神荼、郁垒之后又涌现出
许多门神，如今各地所信奉的门神不一。传说
春联的产生也与神荼、郁垒有关。

俗兴起于南北朝，人们点起蜡烛或油灯，通宵守夜，象征着把一切邪瘟病
疫照跑驱走，期待着新的一年吉祥如意，这种风俗流传至今。

　　贴春联的习俗，大约始于一千多年前的后蜀时期(图5-19)。春联的原始

形式就是人们所说的"桃符"。在中国古代神话传说中，相传有一个鬼域

的世界，当中有座山，山上有一棵枝叶能覆盖三千里的大桃树，树梢上有一只金鸡。桃树的东北处是鬼域的大门，鬼魂通过大门夜出晓归。每当清晨金鸡长鸣时分，夜晚出去游荡的鬼魂就必须赶回鬼域。大门两边各站着一位神人，名叫神荼和郁垒（图5-20），负责监察鬼魂在夜间是否干了伤天害理之事。一旦神荼、郁垒发觉有干了坏事的鬼魂就会立即用芒苇做的绳子把它捆捉起来，送去喂虎。因而天下的鬼都惧怕神荼、郁垒。于是，人们就用桃木刻成神荼和郁垒的模样，放在自家门口，以辟邪防祟。后来，人们简化了过程，直接把神荼和郁垒的名字刻在桃木板上，用他们的名字来镇邪祛恶。这种桃木板就被叫作"桃符"。到了宋代，人们开始在桃木板上写上对联，既不失桃木镇邪的本意，又可以表达吉祥的祝福和美好的心愿。后来，桃木板被大红纸取代，在大红纸上写对联，既美观又喜庆。至此，春联的形式基本定型，贴春联的习俗也成为春节期间一道不可或缺的风景。

每年的正月初七，中国的古人们还要过一个重要的节日——"人日"。人日就是指"人的生日"，也是一个非常古老的节日，至少有两千年以上的历史。有关人日的起源有一种神话解释。前面我们已经讲过女娲造人的神话，其实在造人之前，女娲还造了其他的动物。传说女娲初创世时，第一天造出了鸡，第二天造出了狗，第三天造出了猪，第四天造出了羊，第五天造出了牛，第六天造出了马，第七天才造出了人。所以每年的开头第七天就是人类的生日——人日。因此人日是对女娲第七天造人的纪念。

中国古人们在正月初七这天，将七种菜合煮成羹汤，吃了可以祛病辟邪。并用五彩丝绢或金箔剪成人的形象贴在屏风上或戴在头鬓，做装饰辟邪，或剪纸花互相馈赠。相传这一天如果天气晴好、人事和悦，就意味着新的一年里人丁兴旺、吉祥平安。若恰巧在这一天有孕妇分娩则更为喜庆。文人学士则喜欢在这一天登高赋诗，出游郊野。现在，人日渐渐被忘却了，但人们对美好生活的企盼和一些习俗还是被保留下来了，比如摊煎饼、吃七宝羹等，有的地方还习惯在初七吃面条。

中秋节在中国是仅次于春节的第二大节日，也是中国人的第二个团圆节，时间是农历八月十五。每到这一天，家人团聚，一起吃月饼，赏明月，人们还互赠月饼以表达良好祝愿。在中秋节的演变过程中，神话传说起到了重要作用，其中最有名的就是嫦娥奔月的故事，它使月宫披上了神秘绚丽的光环，使中秋节也充满了浪漫色彩。

嫦娥奔月的故事紧跟着羿射日除害的故事。因羿射落的九个太阳皆是天帝之子，天帝大为恼怒，将羿和妻子嫦娥贬入凡间。西王母同情羿的遭遇，就把长生不老药送给他。心术不正的逢蒙是羿的徒弟，他趁羿率众外出狩猎之机，逼嫦娥交出不死药。嫦娥知道自己不是对手，当机立断将药一口吞下。随后，嫦娥就轻飘飘向天上飞去，由于嫦娥牵挂着丈夫，便飞落到离人间最近的月亮上成了仙。悲痛欲绝的羿，仰望着夜空呼唤爱妻的名字。这时他惊奇地发现，今天的月亮格外皎洁明亮，而且有个晃动的身影酷似嫦娥。羿急忙派人到嫦娥喜爱的后花园里，摆上香案，放上她平时最爱吃的蜜食鲜果，遥祭在月宫里还眷恋着自己的妻子。百姓们闻知嫦娥奔月成仙的消息后，纷纷在月下摆设香案，向善良的嫦娥祈求吉祥平安。从此，中秋节拜月的风俗在民间传开了（图5-21）。

中国神话中保留着上古早期居民抗争的辛苦、探索的艰险、灾难的印痕和不朽的伟业。在这其中，许多神话传说演变为民俗，这些民俗抹去了抗争中的疼痛、灾难时的泪水，留下了一派祥和的欢乐，自有一番乐观豁达、娱神娱人的面貌。中国自神话时代就孕育的昂扬精神与坚韧勤劳的民族性格，自上古至今而不绝如缕。神话的时代离我们很远，但神话的精神就存在于我们日常的生活中，存在于每一位华夏子孙的血脉里！

兔兒轉運

往昔風俗，每逢八月十五日為中秋節，是日夜晚月上時家之婦女蟊聚。妝服長裙於月下設兔兒神紙像，戴瓜果焚香燭虔誠膜拜，其名曰圍月家窗戶曉視為定例。袭如大祀典爆竹之聲相續不絕小兒女前後歡呼唱，婦女等亦異常欣喜以為非是不足以應佳節云。

按兔兒神不知始於何年得道，竟能俠其神通，不可謂不大然俗以兔兒二賤之名辭，令又虔敬誠而崇拜之，豈兔兒亦有時轉運哉，吾為世之非兔而買兔者可為一貫。

全國女界一體歡迎，宇寓人為極下

图5-21　兔儿转运，清末民初天津石印画报《醒俗画报》

画报展现的是八月十五中秋节，晚上家庭妇女于月下设下兔儿神祇像，摆上瓜果，焚香烛，虔诚拜月的情景。传说月亮里头有一只玉兔，一说是玉兔就是嫦娥的化身，一说玉兔是嫦娥的伴侣，所以人们拜兔就是拜月，希望拜兔能带来好运。

参考文献

[1] 褚斌杰.中国古代神话[M].上海：少年儿童出版社，1956.

[2] 高亨，董治安.上古神话[M].北京：中华书局，1963.

[3] 茅盾.神话研究[M].天津：百花文艺出版社，1981.

[4] 冯天瑜.上古神话纵横谈[M].上海：上海文艺出版社，1983.

[5] 袁珂.中国传说故事[M].成都：四川少年儿童出版社，1984.

[6] 袁珂.中国神话传说词典[M].上海：上海辞书出版社，1985.

[7] 谷德明.中国少数民族神话[M].北京：中国民间文艺出版社，1987.

[8] 袁珂.中国神话史[M].上海：上海文艺出版社，1988.

[9] 丁山.中国古代宗教与神话考[M].上海：上海文艺出版社，1988.

[10] 郎樱.中国少数民族英雄史诗《玛纳斯》[M].杭州：浙江教育出版社，1990.

[11] 仁钦道尔吉.中国少数民族英雄史诗《江格尔》[M].杭州：浙江教育出版社，1990.

[12] 杨恩洪.中国少数民族英雄史诗《格萨尔》[M].杭州：浙江教育出版社，1990.

[13] 刘城淮.中国上古神话通论[M].昆明：云南人民出版社，1992.

[14] 邓启耀.中国神话的思维结构[M].重庆：重庆出版社，1992.

[15] 潜明兹.中国古代神话与传说[M].北京：商务印书馆，1996.

[16] 潜明兹.中国少数民族英雄史诗[M].北京：商务印书馆，1996.

[17] 李剑平.中国神话人物辞典[M].西安：陕西人民出版社，1998.

[18] 孙作云.中国古代神话传说研究[M].开封：河南大学出版社，2003.

[19] 伯特曼.奥林匹斯山之巅：破译古希腊神话故事[M].韩松、译.上海：复旦大学出版社，2005.

[20] 叶舒宪.中国神话哲学[M].西安：陕西人民出版社，2005.

[21] 王以欣.神话与历史：古希腊英雄故事的历史和文化内涵[M].北京：商务印书馆，2006.

[22] 陈连山.中国神话传说[M].北京：五洲出版社，2008.

[23] 王宪昭.中国各民族人类起源神话母题概览[M].北京：民族出版社，2009.